LORD AVEBURY
(Sir John LUBBOCK)

Les Villes et l'Etat

contre

l'Industrie privée

(Expériences Municipales et Nationales)

Traduit de l'Anglais

PAR

Robert ELLISSEN

Les revenus de l'État sont une portion que
chaque citoyen donne de son bien pour avoir la
sûreté de l'autre ou pour en jouir agréablement...
Il n'y a rien que la sagesse et la prudence
doivent plus régler que cette portion qu'on ôte
et cette portion qu'on laisse aux sujets

MONTESQUIEU, *Esprit des lois*, LXIII, ch. 1er.

PARIS

ARTHUR ROUSSEAU

ÉDITEUR

14, RUE SOUFFLOT ET RUE TOULLIER, 13

1908

LORD AVEBURY

(Sir John LUBBOCK)

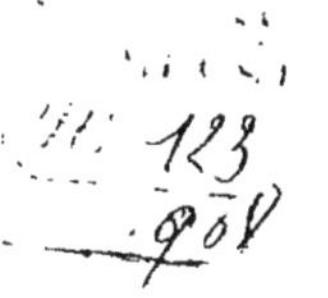

Les Villes et l'État

contre

l'Industrie privée

(Expériences Municipales et Nationales)

Traduit de l'Anglais

PAR

ROBERT ELLISSEN

> Les revenus de l'État sont une portion que
> chaque citoyen donne de son bien pour avoir la
> sûreté de l'autre ou pour en jouir agréablement...
> Il n'y a rien que la sagesse et la prudence
> doivent plus régler que cette portion qu'on ôte
> et cette portion qu'on laisse aux sujets.
>
> MONTESQUIEU, *Esprit des lois*, LXIII, ch. 1er.

PARIS

ARTHUR ROUSSEAU

ÉDITEUR

14, RUE SOUFFLOT ET RUE TOULLIER, 13

1908

Les Villes et l'Etat

contre

l'Industrie privée

AVANT-PROPOS DU TRADUCTEUR

Le problème de l'exploitation directe des services publics par les villes et l'État est plus que jamais à l'ordre du jour.

L'année 1907 a vu se conclure définitivement les laborieuses discussions relatives au régime du gaz et de l'électricité à Paris. Par suite du vote du Sénat repoussant, dans sa séance du 14 décembre 1905, le principe de la régie directe du gaz, le Conseil municipal dut élaborer et mettre à l'essai, pour ce service, une formule toute nouvelle de « régie indirecte », tandis qu'il acceptait pour l'électricité le régime ancien de la concession qui, en sauvegardant à la fois tous les intérêts en cause, ceux de la Ville, du public et de l'exploitant, laisse à ce dernier le maximum d'initiative au grand bénéfice des trois parties.

Bientôt sera résolu le problème des transports en commun dans Paris, en attendant qu'à son tour la question des eaux nécessite une étude urgente.

La solution à donner au rachat de l'Ouest préoccupe, en ce moment même, le Parlement et le pays tout entier.

De nombreux orateurs ont fourni et fourniront sur ces sujets, au cours des discussions, des renseignements et des statistiques en faveur de la thèse que leur conviction personnelle les aura amenés à soutenir. Ils les puiseront dans les travaux concernant les essais tentés à l'étranger : en Allemagne, en Belgique, en Italie et en première ligne en Angleterre, où la mise en pratique développée de la municipalisation et de la nationalisation des services a fait l'objet d'études nombreuses et de controverses passionnées auxquelles les travaux de MM. Arminjon, Bourdeau, Boverat, Cadour, François, Mantoux, Metin, Montet, Vermaut et tant d'autres, ont initié le public français (1).

Les articles du Times de 1902, les enquêtes parlementaires de 1900 et de 1903, constituent une féconde documentation en arguments et en chiffres à laquelle le savant auteur de cet ouvrage fournit, à maintes reprises, un précieux contingent.

Sir John Lubbock que, dans les dernières années de son règne, la reine Victoria a élevé à la Pairie sous le nom de Lord Avebury, n'est certes pas un inconnu pour le public français, puisque, parmi ses nombreux ouvrages, 13 ont été traduits dans notre langue.

A la fois savant et homme d'action, membre du Parlement et président du County Council de Londres, vice-chancelier de l'Université et conservateur du British Museum, président de l'Association des Chambres de

---

(1) Au moment même où paraissent ces lignes la *Revue des Deux-Mondes*, dans son numéro du 1ᵉʳ mars, publie, sous la signature de M. L. Paul-Dubois, un très intéressant article sur le « Socialisme municipal en Angleterre », où l'auteur se réfère souvent à l'édition anglaise du présent ouvrage.

Commerce et de la Chambre de Commerce de Londres, disciple de Darwin et ami de Cobden, banquier et sociologue, archéologue et naturaliste, il appartient à cette catégorie, fréquente en Angleterre, de ces hommes dont les connaissances et l'activité multiples apportent un si grand poids à la solution des grandes questions parlementaires et sociales.

Son ouvrage, Le Bonheur de vivre, *a atteint 250.000 exemplaires et a fait l'objet de 30 éditions étrangères dont 10 françaises.* L'Emploi de la Vie *a été traduit dans toutes les langues. En rappelant, parmi les nombreux bills dont il est l'auteur, ceux concernant l'exercice de la médecine, la conservation des monuments historiques, la réorganisation de l'enseignement, les retraites ouvrières basées sur la mutualité, la limitation des heures de travail, la création des jours fériés des banques, l'obligation de sièges dans les grands magasins, nous indiquerons assez que ce grand libéral et ce savant philosophe s'est montré aussi amoureux du passé que soucieux des problèmes du présent et de l'avenir. Nous retrouvons une nouvelle preuve de sa prodigieuse activité et de son infatigable esprit de lutte dans son plus récent ouvrage dont nous présentons aujourd'hui la traduction.*

R. E.

CHAPITRE PREMIER

INTRODUCTION

L'attention de tous les citoyens réfléchis a été péniblement retenue par le prodigieux et rapide accroissement des impôts et des charges municipales.

En 1868, d'après le *Local Taxation Report*, de lord Goschen, les dépenses locales de l'ensemble du Royaume-Uni s'élevaient à environ £ 36 millions (1).

En 1902-1903, la dernière année qui figure dans les statistiques officielles, elles ont atteint le chiffre formidable de £ 152 millions, et par conséquent quadruplé en quarante ans.

A ceux qui considéreraient ces années de comparaison comme trop éloignées pour en tirer une conclusion formelle, nous pouvons donner comme exemple les chiffres de 1891-1892 et de 1901-1902. Pendant cette période de dix ans, les dépenses se sont élevées de £ 76 millions à £ 144 millions, soit un écart de £ 68 millions, sans que rien ne puisse justifier cet accroissement considérable des charges publiques.

Sans doute dans ces dernières années, la population et la richesse ont augmenté, mais depuis 24 ans l'impôt par tête d'habitant, comme l'a fait ressortir l'*Industrial Freedom League*, s'est accru en Angleterre et dans le pays de Galles de 83 % et la dette par tête de 118 %. L'augmentation d'impôt par £ de matière

---

(1) La valeur de la £ est de 25 fr. 22 environ.

imposable a été d'autre part de 75 %. De plus, comme « l'assiette » s'est également modifiée (1) il en résulte que nous payons non seulement un taux plus fort mais sur des estimations plus fortes, ce qui fait en somme une double augmentation.

Ces chiffres, quelque inquiétants qu'ils soient, n'expriment cependant pas toute la réalité, car, si nous payons déjà beaucoup, nous ne payons pas encore suffisamment, puisque les autorités locales continuent toujours à s'engager à corps perdu dans la voie des emprunts nouveaux.

Je sais bien qu'on nous objectera que les sommes ainsi engagées alimentent des entreprises rémunératrices ; mais si ce principe est exact dans certains cas particuliers, il nous sera facile de démontrer que la non-rémunération des capitaux reste la règle générale.

Les devoirs de nos autorités locales sont importants, complexes et difficiles. Sans savoir borner leur activité aux questions leur ressortissant directement, certaines municipalités se sont, dans les dernières années, lancées dans de vastes entreprises commerciales.

Les objections que nous faisons à cette tendance nouvelle n'impliquent en aucune façon de la défiance ou de l'opposition pour les institutions municipales en elles-mêmes. Je me plais, au contraire, à recon-

---

(1) Rappelons qu'en Angleterre, où l'octroi est presque inconnu, l'impôt municipal est basé sur la valeur locative des propriétés bâties. Pour en établir l'assiette, on détermine d'abord la valeur locative brute dont on déduit les frais d'entretien, réparations et assurances. On obtient ainsi la « rateable value » ou valeur de la matière imposable. Pour répartir l'impôt, on divise la somme totale que l'on veut obtenir par la « rateable value » de la commune et chaque contribuable paye tant par £ de matière imposable.

(Note du traducteur.)

naître le zèle et le dévouement des membres des corps
municipaux dans l'exécution de leurs multiples et
lourdes charges, et le souci de leur laisser le temps
nécessaire à l'étude des nombreux problèmes qui se
présentent à eux est une des raisons les plus sérieuses
qui me font déplorer la voie nouvelle où ils se sont
engagés. Quelles que soient, du reste, la valeur et l'aptitude générale des individus, comment pourraient-ils
avoir la compétence toute spéciale propre à conduire
une industrie ou à mener à bien une entreprise commerciale, en admettant même que, pour cela, ils puissent en toute liberté disposer du temps nécessaire.

Les défenseurs des « Municipalités commerçantes »,
ont souvent accusé leur mépris pour les hommes d'affaires. M. Birrell, par exemple, dans un discours prononcé à Colchester, s'exprimait ainsi :

« Pour tout ce qui concerne le contribuable — et
c'est à ce dernier titre que j'entends parler — je ne
« crois pas à un millenium, car il faudra toujours
« finalement qu'il paye de sa poche, que ce soit sous
« forme de contributions, ou sous forme de dividendes
« au profit des spéculateurs. » (1).

A mon sens, il faut soigneusement distinguer les
entreprises honnêtes de tout ce qui mérite le nom
de « spéculation ». Mais si le mot est ici applicable,
je prétends que les corps municipaux n'ont pas le
droit de faire des placements spéculatifs avec l'argent
des contribuables. D'ailleurs, même sans parler de
spéculation, toute entreprise industrielle, toute exploi-

____

(1) M. Birrell K. C., dans une conférence sur « les Municipalités »
aux fêtes de Pâques de Colchester. — *Times*, 24 oct. 1902.

tation de brevet comporte de nombreux risques. La loi interdit fort sagement aux « trustees » de placer dans ces sortes d'affaires l'argent de leurs commettants. Or, que sont les autorités locales, sinon en fait les « trustees » des contribuables. Elles ne doivent donc pas s'embarquer dans des entreprises qui peuvent présenter des chances de pertes sérieuses.

Certains estiment de très bonne foi qu'en s'engageant dans des entreprises variées les municipalités peuvent retirer un bénéfice qui profite finalement à la masse en abaissant à la fois les prix des produits de première utilité, et en diminuant les taxes. D'autres, au contraire, trouvent les municipalités assez surchargées, estiment que l'initiative et l'intérêt privés permettent un rendement bien supérieur à celui des gouvernements et des villes, et admettent que l'ingérance municipale constitue inévitablement un obstacle à la mise en œuvre des découvertes nouvelles.

L'éloignement du gouvernement et des municipalités de toute entreprise commerciale était, au temps de ma jeunesse, un axiome des économistes. Cobden, dans son grand discours sur ce sujet, s'exprimait ainsi :

« J'estime qu'il ne sera jamais possible de faire
« comprendre aux administrateurs d'entreprises muni-
« cipales que le capital dont ils ont la gestion repré-
« sente réellement de l'argent. Il ne leur coûte rien et
« qu'ils soient en bénéfice ou en perte, ils ne trouve-
« ront jamais leur place dans la *Gazette* (1). Ce capital
« est pour eux un « mythe » et n'est une réalité que
« pour les contribuables. »

----

(1) Journal officiel des Sociétés commerciales (*N. du T.*).

Depuis lors, malgré de nombreuses et dures expériences, nous nous sommes tout à fait écartés de la sage théorie de Cobden en la matière. Bien qu'on prétende, et cela a été dit par lord Monkswell au dîner de la Chambre de commerce de Londres, que ces grands hommes n'étaient que « des vieux pontifes », que *nous* sommes maintenant plus sérieux et avisés, je demeure convaincu que les autorités les plus aptes à avoir une opinion en la matière, sont toujours d'accord avec les théories de jadis. Nous citerons lord Alverstone que sa compétence appela à la présidence de la « Society of Arts » et qui, récemment, s'exprimait ainsi :

« Quoi qu'on ait dit des profits résultant des entre-
« prises municipales telles que gaz et tramways, il
« semble évident qu'elles n'ont fait qu'augmenter les
« charges de la masse des contribuables. »

M. Balfour Browne, le leader de l'éloquence parlementaire, dont on ne peut nier l'autorité en la matière, ajoutait :

« J'estime que si les municipalités s'endettent à
« juste titre pour faire face à des services essentiels,
« tels que ceux des égouts, de la voirie ou des eaux,
« elles doivent éviter de se charger d'entreprises aléa-
« toires qui peuvent, il est vrai, donner en cas de réus-
« site des profits importants, mais dont l'insuccès con-
« duirait par contre à des conséquences déplorables.

« Je sais bien qu'il y a encore une école qui ne croit
« plus aux bienfaits de la concurrence ; certains admet-
« tent qu'elle devient souvent illusoire en fait et que
« l'Etat constitue au contraire le meilleur régulateur
« du marché. Je ne puis accepter cette théorie. Plus
« que quiconque, j'ai vu nombre d'expériences faites

« en ce sens par l'Etat en matière de chemins de fer et
« j'ai pu constater que toutes ont été, je ne dis pas inu-
« tiles, mais inefficaces. Je suis persuadé que la concur-
« rence favorise à la fois l'initiative et la prudence et
« permet de mettre au rebut bien des choses arriérées
« et vieillies qu'utiliserait sans doute un monopole au
« détriment de la société. J'estime que la libre concur-
« rence est « l'air frais » des affaires, mais j'estime
« aussi qu'il n'y a pas libre concurrence lorsqu'une
« municipalité, avec les ressources de l'impôt derrière
« elle, entre en lutte sur le marché avec un simple
« particulier (1). »

Les entreprises commerciales doivent être évitées
pour cinq raisons principales :

Premièrement. — Les fonctions légales et les devoirs
de nos municipalités sont suffisamment, si ce n'est
trop, absorbantes pour qu'il y ait lieu de les augmenter
au-delà des limites de l'énergie et du temps disponibles.

Secondement. — Ce régime a eu et aura pour conséquence un accroissement considérable de la dette
municipale.

Troisièmement. — Les villes seront entraînées à des
conflits avec les travailleurs.

Quatrièmement. — A défaut de stimulants directs à
l'économie et à la précision de la gestion, on arrivera
fatalement, soit à solder les comptes en perte, soit tout
au moins à accuser une augmentation des frais d'exploitation. Les classes ouvrières seront en définitive
les plus atteintes.

Cinquièmement. — Les entreprises municipales

____

(1) Discours au « Mechanics' Institute », Dumfries, 26 janvier
1903.

constituent un obstacle à l'initiative et au **progrès**.

Je développerai longuement, dans les chapitres suivants, les propositions ci-dessus et me bornerai ici, à titre d'introduction, à des aperçus succincts sur chacune d'elles.

Il m'est avant tout nécessaire d'insister sur le premier point. Comme les occupations du London County Council absorbent entièrement ses membres, sans leur laisser de temps pour leurs propres affaires, il deviendra de plus en plus difficile de trouver pour ces fonctions des hommes de bonne volonté et de valeur, et le travail tombera de plus en plus entre les mains de fonctionnaires. Je m'empresse d'ajouter immédiatement que je n'attaque pas ici les personnes, mais le système.

Nul ne peut nier le nombre et la diversité des questions examinées ou suivies par les municipalités, en dehors de celles faisant l'objet de leurs attributions essentielles : ce sont les tramways, les chemins de fer, les bateaux, les assurances contre l'incendie, les distributions d'électricité, entreprises d'habillement, autobus, colis postaux, cantines scolaires, briquetteries, manufactures de vêtements, fournitures de lait, d'œufs, etc.

Le Borough Council de Devonport avait étudié une sorte de caisse de dépôts remboursables à court terme et donnant un intérêt de 3 %. A la discussion de cette proposition devant la Commission des Finances, le conseiller Stephenson, demandant le renvoi à la Commission, s'exprimait ainsi :

« C'est une véritable concurrence aux caisses d'épar« gne nationales et aux caisses postales, ainsi qu'aux
« banques privées de la ville ; ces banques ne donnant
« pas aux déposants un intérêt aussi fort que celui

« promis par la ville, celle-ci viendra leur faire une
« concurrence directe, exactement comme elle le ferait
« aux marchands de drap si elle venait à ouvrir un
« magasin de draperies. De plus, il y aurait lieu de
« prévoir, pour la réussite de cette combinaison,
« l'éventualité de forts remboursements immédiats
« pour lesquels les banques sérieuses s'assurent d'im-
« portantes disponibilités. Or, le projet ne prévoit rien
« à ce sujet et n'indique pas comment de tels rem-
« boursements se feraient en pratique ; la municipalité
« pourrait donc, dans cette hypothèse, se trouver en
« fort mauvaise posture. »

Le principe de la proposition n'en fut pas moins admis.

La Corporation de Glasgow n'a rejeté que par 28 voix
contre 18 une motion portant achat ou location de
charbonnages, afin d'assurer la fourniture de charbon
aux divers services municipaux et aux consommateurs. En 1900, Glasgow prépara un projet à soumettre
au Parlement, mais la question n'eut pas de suite, la
baisse étant survenue peu après.

Le Canal Trafic Bill, introduit par sir John
Brunner M. P., pour permettre aux municipalités d'exploiter les canaux abandonnés, en recouvrant les frais
d'exploitation au moyen de taxes, a été pris en considération par le Bureau de la Chambre de commerce de
Liverpool.

Une résolution fut votée pour approuver ce principe
tout en faisant cependant ressortir que la meilleure
méthode pour atteindre le but cherché était non pas la
municipalisation, mais la nationalisation de ces services. La Chambre de commerce estimait, en effet, que
l'endettement des villes avait pris, dans tout le pays,

des proportions alarmantes, et que ce serait une faute d'imposer aux municipalités une charge supplémentaire. Ces raisons, ainsi que d'autres du même ordre, sont du reste excellentes, mais ne militent-elles pas tout autant contre l'imposition de ces charges à l'Etat?

Le *Hastings Evening Argus* a récemment relevé un autre fait curieux. Critiquant dans un de ses articles la décision du Town Council qui s'opposait à la publication de ses procès-verbaux « sans visa officiel », ce journal parlait d'une menace faite il y a quelque temps par le Conseil aux publications locales de ne leur faire aucune communication si les projets de l'Assemblée étaient annoncés avant les séances, et il ajoutait :

. « Il en résulte que lorsqu'un journal voudra relater
« un fait intéressant les contribuables, il devra en
« référer préalablement au Secrétaire municipal à un
« moment fixé par celui-ci et prendre ses instructions
« pour la publication. Le Secrétaire municipal signa-
« lera au Conseil, en « séance de comité », toute publi-
« cation non autorisée et le fait d'avoir commis l'in-
« fraction grave de dire aux contribuables ce qui se
« passe pourra être puni de la suppression de toute
« information « pendant un temps à fixer par le
« Conseil ». Bien plus, les conseillers, en séance
« secrète, pourront, s'il y a lieu, juger l'offense et
« punir le crime comme il le mérite. »

C'est là, certes, une sérieuse entrave apportée à la liberté de la presse. Espérons que cette mesure ne se généralisera pas.

Le Congrès annuel de la Fédération socialiste, réuni à Burnley, définit ainsi son programme :

. « Le Congrès estime que les « Social-Democrates »

« doivent favoriser toutes les formes d'entreprises mu-
« nicipales qui tendent à substituer la socialisation à
« la propriété privée et au capitalisme. En outre, il
« émet l'avis que, dans l'état actuel du développement
« économique, les municipalités atteindront les meil-
« leurs résultats en accordant à leurs employés les
« heures de travail, les salaires et les conditions les
« plus avantageuses, tout en fournissant les choses
« à des prix tels qu'ils couvrent les frais de production
« et d'amortissement en réservant un excédent pour
« les extensions ultérieures. L'affectation des béné-
« fices à la réduction des impôts doit être d'autre part
« évitée autant que possible. »

Ainsi, la Fédération estime que, pratiquement, tout ce qui ressortit à l'entreprise privée peut entrer dans le domaine des municipalités.

Mais où s'arrêtera-t-on ? Pourra-t-on même s'arrêter ? Nous n'ignorons pas les vues des socialistes, et si quelqu'un refuse à reconnaître la voie où nous nous engageons — le plan incliné sur lequel chaque pas en avant rend l'arrêt plus difficile — qu'il me permette de lui citer M. Burns M. P.. président actuel du Local Governement Board, répondant par l'affirmative à une question de lord Wemyss, dans une discussion à la Société des Arts, et qui se trouvait ainsi posée : « J'aimerais demander si votre but est de mettre toute la propriété privée, ce que vous appelez l'ensemble des instruments de production, aux mains de l'Etat ou des municipalités (1) ? »

------

(1) *Journal of Society of Arts*, n° 2413, volume XXXXVII, 269, 270.

Parfois il a été admis, à titre de concession, qu'on se limiterait aux choses nécessaires à la vie ; mais s'il en est ainsi, à l'éclairage par le gaz, à l'eau et aux tramways, ne devrait-on pas ajouter le pain, la viande, l'assurance contre l'incendie, les vêtements, le sel, les légumes, le papier, etc., et pour certains encore le tabac, le thé et la bière.

Sur le second point, je n'aurai pas besoin d'insister longuement : il s'agit de l'énorme accroissement des dettes municipales. En 1883, elles s'élevaient à £ 193 millions, somme déjà effrayante. En 1903-1904, la dernière année pour laquelle nous ayons des chiffres complets, elles se sont élevées à £ 479 millions, soit une augmentation de £ 279 millions en 20 ans.

On ne saurait trop répéter que cet accroissement est beaucoup plus grand que celui de la valeur imposable et que tout naturellement le public est de moins en moins disposé à prêter, par suite des sommes déjà énormes empruntées par les municipalités pour des entreprises où elles auraient mieux fait de ne pas s'engager. Les contribuables ont, d'autre part, à payer ainsi un taux d'intérêt plus élevé qu'il ne devrait l'être sur le capital des entreprises logiquement municipales, telles que les égouts, les cimetières, le percement des rues, etc.

La troisième proposition n'est pas moins évidente. Beaucoup de gens voient, avec une grande appréhension, l'augmentation continuelle du nombre des fonctionnaires municipaux et nationaux. Bureaucratie devient synonyme d'Autocratie. — Si la tendance actuelle persiste, comme l'a dit Mill dans son ouvrage sur la *Liberté*, en termes qui semblent presque prophétiques :

« Si les employés de toutes ces différentes entrepri-
« ses sont nommés et payés par le Gouvernement et
« attendent de lui toute amélioration de leur sort, il
« n'y a pas de liberté de la presse, pas de représenta-
« tion populaire qui puissent faire que ce pays ou tout
« autre soit libre autrement que de nom. Etre admis
« dans les rangs de cette bureaucratie et, quand on y
« est, s'y pousser, tel est l'unique objet et l'ambition
« de chacun. Sous ce régime, non seulement le pro-
« fane public sera peu qualifié, faute d'expérience tech-
« nique, pour critiquer ou contrôler la manière d'opé-
« rer de la bureaucratie, mais même si les hasards du
« régime despotique ou le jeu des institutions popu-
« laires venaient à porter au sommet de la hiérarchie
« un chef ou des chefs à tendance réformatrice, au-
« cune réforme ne saurait être réalisée si elle était
« contraire aux intérêts de la bureaucratie. Telle est
« la situation de l'Empire russe, au dire de ceux qui
« ont eu l'occasion de l'observer suffisamment. Le Tsar
« lui-même y est impuissant à lutter contre le corps
« des bureaucrates. »

M. Thomas, membre du London County Council et progressiste, parlant du grand accroissement des dépenses d'enseignement, nous disait :

« On semble s'être proposé de doubler les fonction-
« naires dans tous les départements. Je n'ai jamais as-
« sisté à une sous-commission sans y trouver plus de
« fonctionnaires que de membres présents. Le person-
« nel du Secrétariat du Conseil absorbe £ 56,750. »

L'accroissement du nombre des employés conduit, en outre, forcément à toutes les difficultés concernant le travail. Dans un meeting tenu à Manchester, en février dernier, sous les auspices de l'Association des contribuables, pour combattre les dispositions du « Corporation Bill », le conseiller Meadowcroft, qui présidait, déclara qu'il n'était pas favorable à l'exploitation municipale des tramways. Il regardait ce service comme un dangereux instrument de corruption. Pour préciser sa pensée, il raconta que lui-même recevait chaque jour des sollicitations de gens sans travail qui lui demandaient de leur trouver des places dans les services municipaux en récompense de leur vote aux élections — ils faisaient toujours valoir, bien entendu, qu'ils avaient voté pour lui. « Plus vous développez cette sorte d'entreprise, déclarait M. Meadowcroft, plus vous donnez des armes à la corruption. »

D'autre part, M. Taylor, secrétaire général de l'Association des employés municipaux, dans un meeting de la section locale, tenu à East Ham le 20 septembre 1905, disait :

« Il y a en chiffres ronds 70,000 employés munici-
« paux dans Londres et ses environs, et s'ils étaient
« organisés, ils constitueraient une puissance considé-
« rable. Le County Council emploie 3,000 personnes,
« mais une petite partie seulement appartient à une
« association. »

M. P.-J. Tevenan, le promoteur de l'association, s'exprimait ainsi :

« Le nombre des employés municipaux est en train
« de dépasser le million. La municipalisation est un
« moyen, non une fin. La fin, c'est l'établissement,
« dans un avenir très prochain, de la nationalisation
« de toutes les industries du pays. »

Ma quatrième proposition est souvent contestée. On

prétend que les villes réalisent des bénéfices. En fait, là où les municipalités exploitent des monopoles et peuvent appliquer les prix qu'elles veulent, c'est, en un certain sens, exact. Les villes extraient, en effet, ce qu'elles veulent de la poche des contribuables et elles appellent cela des bénéfices. Mais par contre, je doute qu'elles fassent jamais des bénéfices là où elles n'ont pas de monopole. Nous autres, hommes d'affaires, nous savons combien la réussite dépend de l'attention soutenue donnée au détail, de la surveillance constante du marché, de la continuité de l'effort intelligent. — Or, comme il est impossible d'exiger tout cela des membres des municipalités, l'entreprise municipale ne peut être exploitée aussi économiquement et avec autant de profit que l'entreprise privée.

On pourra nous citer des cas où les bénéfices semblent ressortir jusqu'à l'évidence. J'estime toutefois qu'ils sont, là encore, le plus souvent imaginaires ; ils résultent, par exemple, de l'imputation de trop faibles sommes à l'entretien du matériel, au service du capital, aux frais de contentieux et d'administration. Souvent, dans l'éclairage électrique, on fera un virement d'une partie des dépenses en chargeant le compte de l'éclairage des rues ; pour les tramways, on exagérera les dépenses pour travaux de voirie ; dans les devis d'habitations ouvrières, le prix du terrain sera porté pour un prix inférieur au prix d'achat... et ainsi de suite. En nous bornant à argumenter sur les chiffres, tels qu'ils nous sont fournis (1), nous voyons que le nombre des entreprises d'éclairage électrique en ser-

---

(1) Rapport de Sir H. Fowler, 1902, n° 398.

vice normal pendant une année entière est actuellement de 190, pour lesquelles la dépense totale a été de £ 12,500,000 et la perte accusée de £ 11,707. Si même au montant des amortissements qui ressortent à £ 20,000, chiffre notoirement insuffisant, nous ajoutons le capital remboursé de £ 205,000, nous arrivons encore à un chiffre inférieur à 2 % du capital, ce qui n'est certes pas brillant. Les comptes de 48 municipalités exploitant les tramways montrent que 13 d'entre elles seulement apportent une certaine contribution aux taxes, 17 n'amortissent pas et 11 seulement amortissent à plus de 2 %. Nous savons également tous combien l'exploitation des vapeurs du London County Council a été, et continue à être, ruineuse.

Si l'on venait à nous objecter que les compagnies privées se trompent aussi quelquefois et perdent de l'argent, nous trouverions là encore un nouvel argument en faveur de notre thèse. Il est en effet bien différent de perdre son propre argent et de perdre celui des contribuables. Le « *Municipal Journal* », grand défenseur de la municipalisation, déclare lui-même que « le mécanisme des corps municipaux ne « leur permet pas de devenir des organes à bon ren- « dement propres à créer des bénéfices. Une compa- « gnie quelconque pourrait-elle lutter contre la « concurrence si le public était admis aux réunions de « son conseil d'administration ? Dans la plupart des « transactions commerciales, la discrétion absolue « n'est-elle pas une cause primordiale du succès ? — « Or il n'y a pas moyen d'éviter les indiscré- « tions, lorsqu'il s'agit d'administrations municipa- « les. »

Voilà certainement un nouvel et excellent argument, mais il ne prime cependant pas à nos yeux celui qui résulte du manque de temps et d'esprit de suite, ainsi que du fait que l'on ne travaille pas avec son propre argent, mais bien avec celui des autres.

Sur le cinquième point, tous les économistes, depuis Adam Smith jusqu'à Fawcett, ont péremptoirement démontré que l'intervention de l'État et des Municipalités dans les affaires industrielles constituait une grave erreur économique. Écoutons Lord Goschen dans un discours au London County Council :

« Folles dépenses, accumulation de dettes, invasion
« progressive du champ de l'entreprise privée, toutes
« ces conséquences que je redoutais pour le pouvoir
« exécutif, je les ai vu suivre à la piste les pas des
« administrations municipales. Dans aucune direction
« on n'a porté d'aussi graves atteintes aux vrais
« fondements des entreprises privées. »

Quelles sont les causes qui nous ont amenés à l'état de choses actuel ? L'une est la pratique du « Compounding » qui fait que des milliers d'électeurs ne paient pas d'impôt direct et s'imaginent n'avoir aucun intérêt à une politique d'économie. Une autre cause — peut-être la plus importante — c'est que les principaux contribuables ne votent pas. Je citerai le Midland Railway qui paie à lui seul un huitième de toutes les taxes de Derby ; un chantier de constructions de navires qui paye à lui seul un sixième de toutes les taxes de Jarrow, sans que ni l'un ni l'autre ne disposent cependant d'une seule voix. Tandis que des milliers de gens qui ne payent aucune taxe ont le droit de vote, ceux qui payent des milliers de livres d'impôt ne l'ont pas. C'est le cas général des compagnies qui, dans nos plus grandes villes, concourent à l'impôt pour plus d'un tiers.

Les gouvernements et les municipalités n'étant plus à même de travailler aussi économiquement que les entreprises privées, il en résulte que la municipalisation fait augmenter de plus en plus les taxes, tout en élevant le prix des choses nécessaires à la vie ; ainsi d'une main elle diminue nos revenus et de l'autre elle rend la vie plus coûteuse.

Je me fais fort de montrer qu'à la longue, ce sont les artisans et les ouvriers qui pâtiront le plus de cette situation. L'obstacle mis aux entreprises privées amènera en effet une diminution dans la demande de main-d'œuvre et la baisse de salaires en sera la conséquence. Concurremment on pourra constater une augmentation du prix des denrées de première nécessité. Je reviendrai du reste sur tous ces points dans les chapitres suivants.

Il y a encore un argument que nous ne pouvons pas entièrement négliger, quoiqu'il me répugne d'y insister : c'est le danger de corruption. A part quelques exceptions, j'espère et je crois que nos municipalités ont su résister à la tentation, mais nous avons sous les yeux les cas de quelques grandes cités américaines qui sont pour nous un avertissement et que nous ferons bien de méditer.

M. Lecky nous dit :

« La Commission d'enquête de New-Yok en 1876
« était sans doute au-dessous de la vérité quand elle
« déclarait que plus de la moitié de la dette actuelle des
« villes aux États-Unis était le résultat d'une adminis-

« tration volontairement mauvaise et corrompue (1). »

A Chicago :

« Quantité de travaux de voirie furent payés et non
« exécutés : cercles, maisons de jeu, bals mal famés
« furent protégés par les « aldermen » et eurent toutes
« les permissions. Les règlements du « Civil Service »
« furent violés avec effronterie (2). »

Le Major Darwin, dans son ouvrage intitulé
« *Municipal Trade* » résume ainsi la question :

« Par l'exemple que nous donnent les États-Unis,
« les dangers de tomber dans la corruption absolue
« doivent peser lourdement dans la balance quand on
« examine les arguments pour ou contre la municipa-
« lisation d'une industrie quelconque. »

La misère que nous avons constatée cette année plus
grande qu'à l'ordinaire a été pour beaucoup de gens,
alors que notre commerce est incontestablement flo-
rissant, une véritable surprise. Le poids accablant des
taxes et des impôts n'en est-il pas responsable ? Depuis
10 ans, nous payons £ 68 millions par an de plus en
taxes et à peu près la même somme de plus en impôts,
soit en tout une surcharge de £ 130 millions par an.
Dans ces conditions doit-on s'étonner si l'on emploie
moins d'ouvriers ? Si nous ne pouvons espérer pour le
moment une réduction des dépenses d'État, il nous est
impossible, à moins que l'on ne fasse un sérieux effort
et que l'on apporte un grand changement à notre
politique aussi bien nationale que municipale, d'espérer une diminution permanente des taxes et des impôts.

---

(1) *Democraty and Liberty*, I, page 118.
(2) J. W. Martin, *Contemporary Review*, décembre 1899.

Nous devons tout au contraire nous préparer à une aggravation continuelle de la situation de nos charges actuellement déjà si lourdes.

Parmi les traits caractéristiques de notre époque, on peut mentionner la décision prise récemment par le Comité de la Chambre de Commerce à l'égard du Bill concernant le Conseil Municipal de Plymouth. Les découvertes faites sur la gestion financière de cette municipalité furent si extraordinaires que le Comité insista pour que les comptes de la ville fussent désormais vérifiés par un auditeur du Local Government Board. Or, comment le journal constituant l'organe principal du Gouvernement local apprécie-t-il cette décision ?

« C'est incontestablement la plus grave atteinte que
« les Municipalités aient reçue en ces dernières années et
« le résultat de la décision de la commission est sans
« aucun doute le début de l'agitation contre les grandes
« municipalités que mène la faction hostile à la muni-
« cipalisation des services publics ».

C'est dans le même esprit que les avocats de la municipalisation se sont élevés contre les recommandations du « Joint Select Committee » nommé pour faire une enquête sur la question.

Quel argument valable les municipalités peuvent-elles cependant opposer à un examen sérieux de leurs comptes ?

Quoi qu'il en soit, même si les comptes étaient en règle, même si les entreprises du gouvernement et des municipalités étaient bien conduites et se soldaient par des bénéfices, le système serait encore mauvais.

John Stuart Mill dit excellemment :

« Les justes raisons qu'on a de laisser à l'association
« volontaire toutes les entreprises qu'elle est apte à
« bien mener, existeraient encore avec toute leur force
« s'il était certain que les affaires seraient aussi bien
« et même mieux gérées par des fonctionnaires publics.
« Ces raisons ont déjà été indiquées : le danger de
« surmenage pour les principaux agents du gouver-
« nement, que l'on détourne des fonctions que seuls
« ils peuvent remplir, pour les occuper à d'autres qui
« seraient aussi bien remplies par d'autres ; le danger
« d'amplifier sans nécessité l'action directe et l'in-
« fluence indirecte du gouvernement, de multiplier
« les occasions de conflit entre ses agents et les parti-
« culiers ; l'inconvénient plus grand encore de concen-
« trer entre les mains d'une bureaucratie dominatrice,
« tout le savoir-faire et l'expérience qu'implique la
« direction des grands intérêts et toute la puissance
« d'action organisée qui existe dans la communauté.
« Cette pratique met les citoyens dans leurs rapports
« avec les gouvernements, dans l'attitude d'enfants à
« l'égard de leurs surveillants. C'est la principale cause
« de l'incapacité publique qui a caractérisé jusqu'ici
« les nations trop gouvernées (overgoverned) du con-
« tinent, qu'elles aient ou non les formes du gouver-
« nement représentatif. »

« Et donc, pour ces raisons, la plupart des choses qui
« sont susceptibles d'être faites à peu près bien par
« l'association volontaire doivent lui être laissées, mais
« il ne s'ensuit pas que la manière dont ces associations
« s'acquittent de leur tâche doive être entièrement
« soustraite au contrôle du gouvernement... Ceci
« s'applique au cas d'une route, d'un canal, d'un che-

« min de fer... Accorder les concessions pour un
« temps limité est généralement une bonne chose, en
« vertu du même principe qui justifie les brevets d'in-
« vention... Il est peut-être nécessaire de faire remar-
« quer que l'Etat peut être propriétaire des canaux et
« des chemins de fer sans les exploiter lui-même, et
« qu'ils seront presque toujours mieux exploités par
« les soins d'une Compagnie qui les aura pris à bail
« pour un temps limité (1). »

Sir Robert Giffen, dans un admirable article, a
exprimé récemment son avis en ces termes :

« En matière de dépenses locales nous subissons
« actuellement la pénible crise de l'exploitation muni-
« cipale. Les dépenses sont en partie extravagantes et
« sans utilité puisque les autorités locales, même les
« plus honnêtes, sont souvent de mauvais entrepre-
« neurs. Elles gaspillent l'argent à tort et à travers ;
« elles dépensent plus qu'elles ne doivent, plus qu'il
« est nécessaire et, par leurs emprunts, elles enga-
« gent l'avenir d'un cœur léger. Dépenser est agréable
« pour ceux qui possèdent à titre temporaire une par-
« celle de pouvoir, et l'accroissement du nombre des
« autorités urbaines accroît le nombre de ceux qui
« veulent jouir de ce plaisir. L'augmentation de cer-
« taines dépenses n'est pas un mince sujet d'inquiétude,
« elle ajoute à l'angoisse que doit causer tout empiète-
« ment accompli ou tenté contre le fond commun des
« ressources imposables, sur lequel retombent à la fois
« les dépenses, tant impériales que locales. »

Feu lord Farrer avait en ces matières une expérience

____

(1) J. S. Mill, *Economie Politique*, vol. II, chap. xi, § 11,

sans égale. Il avait été pendant des années à la tête du « Board of Trade » et eut d'abord, comme on le verra dans les chapitres suivants, un fort penchant en faveur des entreprises municipales, contre les entreprises privées. Mais peu à peu, son expérience, et surtout celle qu'il acquit au « London County Council », modifia ses vues.

Il fut d'abord un ardent partisan du rachat des Compagnie des eaux à Londres. Mais dans sa déposition devant la Commission du travail il dit ce qui suit :

« Le rôle du « London County Council » dans « la question du travail a amené beaucoup de gens « à douter qu'il fut sage de lui confier des ser- « vices publics. Son ardeur s'en est trouvée considéra- « blement refroidie en ce qui concerne le service des « eaux, au point qu'il incline presque à penser avec « sir John Lubbock que l'eau devrait rester entre les « mains des compagnies. »

Une telle opinion, venant d'une autorité aussi haute, a certes un grand poids. En outre, dans son ouvrage « *The State in its Relation to Trade* » il résume en ces termes son opinion autorisée :

« Il y a, à n'en pas douter, dans ces constants « appels à l'intervention du gouvernement, un vrai « danger pour la vraie liberté et pour les sentiments « d'indépendance et d'initiative qu'elle encourage. « Traiter des hommes faits et des femmes comme gens « incapables de juger et d'agir par eux-mêmes, c'est « travailler à les rendre de plus en plus incapables. « Notre vie journalière commence déjà à être enfermée « dans un cercle d'inspections, de règlements et de « prohibitions. La démocratie apporte avec elle beau-

« coup de promesses, mais un de ses défauts est l'im-
« puissance... Elle est pleine d'une bonne volonté
« passionnée et passionnément avide de pouvoir. Sau-
« vegarder la liberté individuelle dans les affaires,
« comme en tout le reste, contre l'action impatiente de
« la philanthropie, est probablement une des plus
« grandes difficultés de l'avenir (1). »

Je répète que nos municipalités ont de très importantes charges à remplir. Ces charges sont suffisantes
pour occuper tout leur temps et absorber toute leur
activité. Elles ne peuvent à la fois gouverner et faire
des affaires. Si elles persistent à s'embarquer dans des
entreprises commerciales, elles grèveront, j'en suis
convaincu, nos charges, feront obstacle au progrès
des découvertes scientifiques et diminueront, si même
elles ne le détruisent pas, cet esprit d'initiative individuelle auquel nous avons dû dans le passé notre supré-
matie commerciale.

____

(1) *The State in its Relation to Trade.*

CHAPITRE II

LES DEVOIRS ET RESPONSABILITÉS DES AUTORITÉS LOCALES

Si capables et si dévoués que soient les conseillers municipaux, ce sont avant tout des hommes ; ils ne peuvent donc fournir qu'une somme limitée de travail, et ce travail même n'a de valeur que si l'on y sacrifie du temps et du soin. Les devoirs essentiels qui incombent aux municipalités sont très importants ; les questions qui leur sont soumises réclament une attention scrupuleuse, et dans le cas de nos grandes cités, elles sont certainement suffisantes, — sinon même plus que suffisantes — pour occuper pleinement leur temps et accaparer toute leur énergie.

Tel est, avant tout autre, le cas du County Council de Londres. A l'origine, alors que le travail était bien moindre qu'aujourd'hui, quand le Conseil n'avait pas encore l'effrayante responsabilité de l'éducation de Londres, avant qu'il ne se soit mis à construire des tramways, lancer des bateaux à vapeur, nommer les membres du Bureau des Eaux,... etc., Lord Rosebery prévoyait déjà le danger, et sagement il conjurait ses collègues de ne pas entreprendre plus qu'ils ne pourraient achever, ou, comme il disait énergiquement, « de ne pas casser les reins au Conseil ».

M. Dickinson, le président de 1901, un fervent progressiste cependant, déclare ce qui suit dans son dernier discours :

« Les travaux des conseillers continuent à être
« constants et à absorber tout leur temps. Les réunions
« du Conseil ont été au nombre de 35 ; celles des
« Comités de 646 et des Sous-Comités de 790. Ces chiffres
« représentent une forte somme de travail. Si l'on
« excepte les jours fériés, les Conseillers ont assisté
« en moyenne à 7 réunions dans chacun des 5 jours
« ouvrables de la semaine. »

Dans le débat sur l'Éducation Bill de Londres en
1902, sir H. Campbell-Bannerman parla du « surmenage
du County Council de Londres » ; il ajoutait que « ses
obligations étaient plus étendues et plus astreignantes
que celles de n'importe quel corps constitué à la surface
du globe ». Dans le même débat, sir Edward Grey
disait : « Nul ne saurait aborder le problème de l'éducation de Londres et le traiter convenablement, s'il
veut prêter en même temps quelque attention aux
autres besognes qui sont dans les attributions du
Conseil. »

M. Pickersgill, un libéral, nous affirmait en toute
sincérité ceci en juillet dernier :

« La charge de l'Éducation à Londres est si étendue
« qu'elle ne saurait être menée à bien que par un corps
« directement élu pour cet objet. Le travail est au
« moins double de celui du Pays de Galles, et à peu
« près égal à celui de l'Écosse entière. Il est évident
« que ce travail a pour objet moins l'éducation d'un
« Comté que celle d'un peuple. Il est insensé d'imposer
« un travail d'une telle ampleur et d'une telle impor-
« tance, à un corps déjà lourdement chargé par ses

« obligations proprement municipales. Il est impossible
« au County Council de Londres de s'acquitter conve-
« nablement de ses obligations en ce qui concerne
« l'Éducation ; et il en est résulté que la charge de
« l'Éducation à Londres est tombée aux mains d'une
« bureaucratie centralisée (1). »

Le Docteur Macnamara, un autre libéral, était du même avis.

« L'Éducation de Londres, disait-il, intéresse 25.000
« instituteurs des écoles de l'État, au moins 1 million
« d'écoliers, et implique une dépense publique de
« £ 4.000.000 par an. L'administration financière à
« elle seule y est aussi importante que celle de toutes
« les autres sections du Conseil. Le travail du Bureau
« compétent correspond à celui de l'Écosse toute
« entière, quoique ce dernier soit réparti entre 928
« bureaux d'éducation. La suppression du Bureau Sco-
« laire de Londres (London School Board) a été un
« désastreux saut dans l'inconnu et, depuis lors, le
« travail d'éducation est devenu désespérément bureau-
« cratique. On le dirige du fond d'un bureau, toutes
« portes closes, et il est dans les mains d'un tout
« puissant corps de fonctionnaires, parce que les
« membres du Conseil n'ont pas le temps de s'en occu-
« per. Les dépenses purement administratives ont
« passé de £ 124.000 en 1904 à £ 300.000 cette
« année (2). »

M. Birrell affirme que « c'est pour lui un article de
foi, que la tâche imposée au London County Council

____

(1) V. le *Times*, 24 juillet 1906.
(2) Ibid.

de veiller à l'instruction de 750.000 à 800.000 enfants est une tâche au-dessus de ses forces (1) ».

Ce n'est donc pas là simplement mon opinion personnelle et je puis compter avec moi non seulement le duc de Norfolk, Lord George Hamilton, Sir Melvill Beachcroft et autres unionistes, mais encore les chefs du parti libéral, et les progressistes : Sir H. Campbell-Bannerman, Lord Rosebery, Sir E. Grey, M. Birrell, etc., qui ont tous affirmé que le London County Council était surmené. D'où il suit que ses membres ne peuvent avec quelque espoir de succès, ni ne doivent entreprendre aucun commerce municipal, ni, en vérité, aucun travail qui ne soit strictement compris dans leurs attributions propres.

Et pourtant le Conseil, dans son ensemble, a toujours méconnu les sages avis de Lord Rosebery.

Malgré tout, beaucoup de conseillers ont soif de s'emparer de tout le service des eaux de la capitale, ils brûlent de lui fournir le gaz, ils estiment qu'ils peuvent bâtir des maisons à meilleur marché que les architectes londonniens, administrer les tramways d'une manière plus satisfaisante que les compagnies de traction, gérer l'assurance contre l'incendie plus économiquement que les compagnies d'assurances ; fournir des habitations ouvrières, au prix de revient, mieux que les compagnies de construction, fonder des hôtelleries municipales, établir des lignes de bateaux sur la Tamise, administrer des monts-de-piété et des abattoirs, et je ne sais quoi encore... Je ne sais en vérité ce qu'ils laisseront à l'initiative individuelle, quel commerce ou

____

(1) *Times*, 24 juillet 1906.

quelle affaire ils ne voudront entreprendre et monopoliser !

Cette politique constitue à mes yeux une dangereuse erreur ; elle conduira inévitablement tant à un écrasant accroissement de nos charges municipales qu'à l'élévation du prix de tous les services publics et de toutes les commodités de la vie.

J'ai cru un moment que la preuve la plus convaincante de la somme écrasante de travail fournie par le County Council de Londres (pris comme type de nos grandes municipalités) et de l'impossibilité où sont ses membres d'accorder un temps et une attention suffisants à leurs multiples et importantes attributions — consisterait à publier l'ordre du jour d'une semaine normale indiquant le travail à faire pendant une session hebdomadaire ordinaire. Et certes cela seul eut suffi à clore définitivement la discussion entreprise dans ce chapitre.

J'ai dû pourtant y renoncer pour cette simple raison que cette nomenclature serait plus volumineuse à elle seule que le présent ouvrage. Sir Melvill Beachcroft m'a aimablement envoyé les ordres du jour des séances de juillet 1906. Ils comptent chacun plus de 100 pages in-folio ; l'un d'eux même en a plus de 200. Je résumerai brièvement celui du 31 juillet, parce qu'il donne bien l'idée du travail du Conseil — avec cette réserve toutefois que le programme est à peu près double de celui d'une semaine ordinaire.

1. Il débute par le rapport du Comité ordinaire des Finances, contenant 13 résolutions, la plupart très importantes et engageant de fortes sommes d'argent. Le paragraphe 3, notamment, autorise des paiements dé-

passant £ 2.250.000. Le paragraphe 10 sanctionne un prêt à différents Conseils de quartier montant à plus de £ 90.000. Le paragraphe 13 autorise un autre prêt de £ 20.000 à l'Hackney Union, pour les pauvres; le paragraphe 15, un de £ 32.000 à Kensington, etc.

2. Vient ensuite le rapport du Comité des Affaires générales avec 11 propositions. La première demande des augmentations de traitements pour plusieurs des principaux fonctionnaires. La troisième demande des changements dans les règlements relatifs aux salaires et aux heures de travail. La quatrième a trait à la manière dont les fonctions devront être réparties à l'avenir entre les différents services.

3. Puis c'est un autre rapport du même Comité traitant à fond un projet de revision des retraites et du fond de prévoyance — matière très complexe et très délicate.

4. Un rapport du Comité des Finances sur le même sujet.

5. Un rapport ajourné du Comité des Réformes et Améliorations, indiquant comment devrait être réglementé l'alignement sur le Strand entre Wellington Street et le Palais de Justice.

6. Un rapport du Comité de l'Instruction publique demandant le vote de £ 28.500 pour achat de terrain destiné à agrandir l'école de Berner Street.

7. Autre rapport du même Comité demandant qu'une provision soit faite pour 800 bourses au lieu de 1.200 votées précédemment sous réserves de ne pas être continuées.

8. Rapport du Comité des Finances sur le même sujet.

9. Rapport du Comité des Travaux demandant l'autorisation de faire établir les plans d'une nouvelle salle de comté près du pont de Westminster.

10. Comité des Ponts et Chaussées : 5 propositions de dépenses montant à environ £ 150.000 sous différents chapitres.

11. Comité des Ponts et Chaussées : propositions relatives au taux des salaires et aux gratifications des employés des tramways.

Abrégeons maintenant la suite :

12. Comité d'Assainissement.

13. Comité de l'Hygiène publique. A ajourner.

14. Comité de l'Instruction publique : 36 propositions ayant trait à différentes écoles nouvelles impliquant une dépense de £ 90.000, nouvelle échelle de traitements, etc.

15. Comité de l'Instruction publique : 343 paragraphes, comprenant plus de 270 propositions.

16. Comité des Asiles : propositions d'agrandissement.

17. Comité d'Architecture.

18. Comité d'Architecture : 12 propositions, plus un grand nombre de résolutions approuvant celles des conseils d'arrondissement (Borough Councils).

19. Comité des Travaux : 16 propositions relatives aux salaires, etc.

20. Comité des Travaux.

21. Comité des Sapeurs-pompiers : 15 propositions.

22. Comité des Ponts et Chaussées : 34 propositions ayant trait à l'administration des tramways, au système de traction électrique à adopter et autres matières importantes.

. 23. Comité des Ponts et Chaussées : il propose 21 nouvelles lignes de tramways. A ajourner probablement.

24. Rapport commun du Comité des Ponts et Chaussées, et du Comité des Travaux publics. Propositions d'un nouveau tramway de Lewisham à Lea Green, de travaux à High Road, Lee.

25. Comité des Habitations ouvrières : 6 propositions impliquant plus de £ 5.000 de dépenses. A ajourner.

26. Comité des Réformes : 8 propositions entraînant une dépense évaluée par le Conseil à plus de £ 1.200.000. Probablement à ajourner.

27. Comité n° 2 des Réformes : rapport sur l'alignement nord du Strand entre les deux églises.

28. Comité des Réformes n° 3 : 15 propositions.

. 29. Comité du Gouvernement local : 3 résolutions sur la marche des élections, l'inscription des électeurs, les appels aux tribunaux de quartier pour taxations excessives.

30. Comité d'Assainissement : 24 propositions concernant l'organisation des égouts de Londres.

31. Comité des Parcs et Places. 22 propositions relatives à l'administration des parcs de Londres.

32. Comité Parlementaire : rapports sur les lotissements de terrains.

33. Comité Parlementaire n° 2 : 4 propositions dont l'une proteste contre une résolution du district du Yorkshire, en se référant à l'application du privilège de l'éducation.

34. Comité du Contrôle public. Rapport sur 19 arrêtés réglementant le travail des enfants et le commerce dans les rues par des personnes en-dessous de 16 ans.

35. Comité n° 2 du Contrôle public : 6 propositions.

36. Comité de l'Hygiène publique : 3 propositions.

37. Comité de la Navigation : 11 propositions ; on y note un déficit sur le service des bateaux à vapeur de £ 51.205 pour l'année écoulée.

38. Comité des Approvisionnements : 9 propositions relatives à l'achat de magasins centraux et à la réorganisation du service.

39. Comité des Théâtres et Music-halls : 8 propositions relatives à la construction, etc., de divers édifices et au projet d'une exposition de « l'Empire Britannique ».

40. Comité des Retraites des fonctionnaires : 3 propositions.

41. Comité des Retraites des instituteurs : 2 propositions.

42. Comité des Archives du gouvernement local et des musées : 2 rapports proposant les arrêtés « pour la bonne administration et le bon gouvernement de la ville de Londres ».

43. Comité des Finances : rapport sur un budget principal montant à près de £ 200.000.

Suivent encore 18 autres séries de propositions.

Certes, il ne faut pas oublier que ces propositions ont déjà été étudiées par les Comités, mais si le Conseil doit à son tour en poursuivre l'examen, cela ne diminue en rien le travail qui retombe sur les conseillers.

Si nous laissons de côté les rapports destinés à être ajournés, et qu'on a simplement et très justement imprimés afin que le Conseil eut le temps de les exami-

ner, il reste 38 rapports de Comités et plus de 500 résolutions qui doivent passer sous les yeux du Conseil en
une après-midi. Je dis « passer », car ils ne peuvent
être examinés ; ils défilent simplement devant le
Conseil et il ne peut en être autrement. Beaucoup de
ces questions sont fort graves, complexes et difficiles ;
elles impliquent des dépenses de millions de livres
payées par les contribuables et cela ne les empêche
pas de passer à toute vitesse.

Disons encore qu'il y a plusieurs corps très importants dont le Conseil nomme la plupart des membres.
Je me bornerai à mentionner le Bureau du Service des
Eaux (London Water Board) et celui de l'entretien de
la Tamise (Thames Conservancy).

Qui sont les hommes sur qui reposent ces terribles
responsabilités comprenant la santé, le bonheur, le
bien-être et même la solvabilité de Londres ? Ce sont
évidemment des hommes d'une grande situation, d'un
caractère élevé, d'une grande habileté. Ils sont, tous
et chacun, extrêmement soucieux de remplir leurs
devoirs envers leurs électeurs et leur pays. Beaucoup
d'entre eux ont voué leur vie au service de Londres et
— qu'ils soient ou non de nos amis — nous devons
franchement et sans réserve reconnaître la dette que
nous avons envers eux. Mais ceci n'affaiblit pas, bien
au contraire, notre argumentation. Qui sont ces
hommes ? Deux sont membres du cabinet. Le Ministre
de l'Agriculture est déjà suffisamment occupé. Les
affaires de son propre ministère et la politique générale de l'empire suffisent à l'absorber. Toute autre considération mise à part, le Président du Local Government Board ne devrait occuper aucune autre fonction

locale (1). Plusieurs autres membres sont pairs, trente sont membres du Parlement, d'autres sont avocats, négociants, etc.; tous sont des hommes très occupés, et qui ne peuvent donner qu'une partie de leur temps au travail municipal. Il y a sans doute un grand avantage à ce que de telles personnalités fassent partie du Conseil et lui apportent le bénéfice de leur expérience et de leur habileté ; mais alors le Conseil ne devrait pas avoir tant de besogne à leur imposer, ni assumer des travaux qu'il n'a pas besoin d'entreprendre. Ne serait-ce donc pas purement ridicule — si ce n'était pas si grave — de voir de tels hommes construire des tramways, établir des stations génératrices d'électricité, lancer des bateaux à vapeur, et entreprendre d'autres opérations commerciales absorbant des millions de l'argent des contribuables.

Certes le travail n'est pas effectivement fait par le Conseil, mais ce ne sont même pas les commissions qui font l'ouvrage : ce ne sont en réalité que les bureaux.

Si le Conseil de Comté de Londres nous offre de cet état de choses l'exemple le plus typique, la situation est semblable dans toutes nos grandes municipalités, où nous sommes en train d'édifier une gigantesque bureaucratie.

Les bureaucrates sont unis en une puissante organisation, l'Association des fonctionnaires municipaux (Municipal Corporations Association) qui, ainsi que nous le verrons dans un des chapitres suivants, — avec les meilleures intentions, je le reconnais pleine-

---

(1) Lord Carrington et M. Burns ne seront plus candidats, au renouvellement du London County Council.

ment — a déjà fait beaucoup pour entraver et empêcher le progrès de la nation.

Me réservant de revenir plus loin d'une façon détaillée sur ces propositions, je veux seulement m'arrêter à cette dernière remarque. En demandant aux conseillers une part toujours plus grande de leur temps, on rend leur recrutement partout — et particulièrement au London County Council — de plus en plus difficile, et il devient absolument impossible d'obtenir au profit des affaires publiques les sacrifices de temps et d'attention sans lesquels d'aussi gigantesques entreprises ne sauraient être administrées avec succès et profit.

CHAPITRE III

L'AUGMENTATION DES DETTES MUNICIPALES

Il n'est pas nécessaire d'insister sur l'énorme accroissement des dettes municipales. Les faits parlent d'eux-mêmes.

En 1883-84 le montant en était de £ 193.000.000. C'était déjà pour l'époque un chiffre prodigieux. En 1903-04, le dernier exercice dont nous ayons les chiffres complets, il s'est élevé à £ 469.000.000 — soit un accroissement de £ 276.000.000 en vingt ans, — et en ce moment encore il s'accroît plus rapidement que jamais.

Il n'est pas étonnant que Lord Goschen, Sir Henry Fowler et d'autres financiers autorisés aient appelé l'attention sur la gravité de la situation. Le dernier Chancelier de l'Échiquier, M. A. Chamberlain, jugea nécessaire de donner au pays un avertissement solennel. Dans son discours sur le budget, il fit ressortir ce fait qu'en dix ans, de 1880-1890, le chiffre d'emprunts non amortis en Angleterre et dans le Pays de Galles avait augmenté de £ 62.000.000.

« En dix ans, de 1890 à 1900, le montant s'accrut
« encore de £ 95.000.000 et dans la période des deux
« années 1900-02, ce même montant n'augmenta de
« rien moins que de £ 49.000.000. La proportion de
« l'augmentation est donc actuellement deux fois et

« demi plus grande que dans la période 1890-1900,
« et plus de 4 fois plus grande qu'entre 1880 et
« 1890. Dans la période de vingt ans entre 1880 et
« 1900, tandis qu'en Angleterre et dans le Pays
« de Galles les dettes locales augmentaient de
« £ 157.000.000, les dettes de l'État, en capital nomi-
« nal, ont été réduites de £ 132.000.000. Dans la
« période de 3 années qui finit au 31 mars 1902, les
« autorités locales du Royaume-Uni ont emprunté plus
« de £ 102.000.000. »

Je voudrais pouvoir dire que dans les deux dernières
années, l'État a réduit sa dette, mais nous le savons
tous, ce n'est malheureusement pas le cas. Lord Welby,
Président du Comité des Finances de notre plus grande
Assemblée municipale appelait, à très juste titre, l'attention sur l'énorme accroissement des taxes.

« Que le chancelier de l'Échiquier, disait-il, retire
« la poutre de son œil, avant de regarder la paille qui
« est dans l'œil des municipalités. »

On peut demander qui des deux a la paille et qui la
poutre. Pour moi, je crains qu'il y ait deux poutres. Je
souhaite que le Président du Comité des Finances extraie
la paille ou la poutre, comme on voudra, de l'œil du
chancelier et que le chancelier extraie l'autre de l'œil
du président. Malheureusement, nous aurons à payer
cher pour l'une et pour l'autre.

Quelques autorités locales, cependant, sont beaucoup plus prudentes que les autres. Des Conseils de
Comté (en excluant celui de Londres) ont emprunté
beaucoup moins que nos grandes cités, et le crédit
public choisit maintenant de plus en plus entre les
titres des diverses autorités locales. Le *Financial Times*

dans un article sur « Les Municipalités et le Crédit », du 26 mai dernier, remarque que dans l'espace d'une semaine, trois émissions ont été faites ayant un caractère municipal, toutes trois présentant des garanties de « trustee », supposées sûres, et portant le même taux d'intérêt.

Cependant elles furent introduites sur le marché à 84 %, 88 1/2 % et 92 %. C'étaient les municipalités de West-Ham et Croydon et le Surrey County Council.

L'article déclare ceci :

« Il semblerait, d'après les fortes différences de prix
« accusées par ces emprunts, que l'on commence à
« faire une distinction dans le crédit accordé aux auto-
« rités locales ; autrement dit si certaines valeurs
« municipales, quoique portant le timbre de garantie
« des trustees, en arrivent à être considérées comme
« plus risquées que d'autres, et si nous acceptons cette
« théorie, il n'échappera à personne que la municipa-
« lité qui aura imposé le plus grand effort à ses con-
« tribuables sera aussi celle dont les titres sur le mar-
« ché seront au plus bas prix. »

Le *Financier* dit encore :

« Le 3 % du London County Council cota l'année
« dernière plus de 97 1/2 et en 1902 101 1/2 ; il se tient
« maintenant à 88 1/4 seulement. Si le Conseil dési-
« rait émettre un 3 % à présent, il pourrait difficile-
« ment l'obtenir à plus de 85, si bien que la possibilité
« d'emprunter sur la base de 3 %, comme précédem-
« ment, est perdue pour lui ; les futurs emprunts ne
« peuvent être obtenus qu'à des conditions qui rendent
« pratiquement impossible de faire des dépenses pour
« des entreprises municipales rémunératrices ».

Pour le moment la différence de prix entre les titres de West Ham et ceux d'un bon Comté est de 10 %.

On a considéré, et je pense qu'on fera sagement de décider qu'on devrait permettre aux autorités locales d'emprunter des sommes égales à deux années de leur revenu imposable et à deux années seulement ; et le seul moyen qu'auraient les municipalités d'emprunter davantage serait de s'adresser au Parlement.

Quand cependant ces sommes doivent être appliquées à quelque projet réellement nécessaire, le refus est difficile, souvent même impossible. Ainsi Huddersfield a emprunté une somme égale non à 2 ans, mais à 7 ans de son revenu imposable ; Stockton 7 ans aussi ; Halifax 6 ; Blackburn 5 3/4, et en beaucoup d'autres cités la dette dépasse plus de 4 fois le montant de l'assiette des impôts. Londres est de beaucoup la seule exception, mais si Londres continue à emprunter au taux où elle l'a fait dernièrement, elle ne gardera pas longtemps cette situation.

D'ailleurs, comme le disait récemment Sir Alexander Henderson (1) : « Nous trouvons que lorsque la « dette augmente, c'est invariablement en vue d'entre- « prendre quelque trafic municipal, et que là où la « dette dépasse fortement deux années du revenu, là « aussi le taux des taxes par £ augmente sérieuse- « ment. J'ai sous les yeux une liste de 78 villes impor- « tantes. Dans onze d'entre elles, ce qu'on appelle la « dette productive est la dette contractée en vue de « l'établissement de l'éclairage électrique, de tramways, « marchés, services des eaux ; or, cette dette est infé-

____

(1) *Industrial Freedoom League*. Assemblée annuelle, Juin 1905.

« rieure à 50 % du revenu total de la ville, et les taux
« des taxes par £ de revenu imposable sont les plus
« bas ; ils sont de 5 sh. 2 d. (non compris la taxe des
« Pauvres). Quand le pourcentage de la dette augmente,
« nous constatons une forte élévation. Je vous ai donné
« comme exemple 11 villes où la dette est inférieure à
« la moitié du revenu. Dans 16 autres cas, la dette
« représente plus de 50 % et moins de 100 % de ce
« revenu ; immédiatement le taux de la taxe s'élève à
« 5 sh. 5 d. par £. Dans le cas de 25 autres, la dette
« est entre 100 et 200 %, et le taux s'élève à 5 sh. 8 d.
« Enfin, dans les 26 autres cas, la dette dépasse 200 %,
« et c'est là que nous trouvons le taux le plus élevé,
« 6 sh. Et donc, si nous pouvions obtenir une diminu-
« tion de l'esprit d'entreprise commerciale dans les
« municipalités, nous constaterions, presque certaine-
« ment, dans le taux des taxes, une diminution corres-
« pondante. »

Heureusement, on peut voir à certains signes que le
Gouvernement et le public commencent à sentir le
danger de banqueroute que courent certaines municipalités.

A Glasgow, l'Assemblée municipale proposa d'ajouter
à son immense dette, les 3/4 d'un million de livres pour
un plan d'habitations. Mais les Commissaires d'Ecosse
(Scotch Commissionners) refusèrent d'approuver ce
projet. A West Ham, les Commissaires de l'emprunt
pour les travaux publics refusèrent de prêter au Bureau
des Ecoles £ 27.000 parce que ce taux des taxes n'était
pas inférieur à 10 sh. 2 d. par £ de matière imposable
et, d'autre part, le County Council de Londres, il y a
quelques jours, administrait une sévère réprimande au

Conseil du quartier de Fulham à cause de ses lourdes dettes. En 1898, Fulham avait une dette de £ 103.685. L'année suivante, les Conseils de quartier furent créés ; aujourd'hui, sa dette est de £ 515.580. La dette a augmenté dans une proportion beaucoup plus grande que la matière imposable. C'est du reste le cas général, pour ces dernières années, de beaucoup de municipalités.

Nous sommes allés, dans cette accumulation de dettes, beaucoup plus loin que les autres nations, ainsi que le montre clairement la table suivante publiée par le Major Darvin (1) :

Statistique des dettes municipales.

Pays.	Années.	Dettes par tête.
Angleterre	1898	£ 8. 8
États-Unis	1890	2. 9
France	1899	3.14
Italie	1889	1. 9
Belgique	1880	4. 4

Il est fâcheux, toutefois, que les chiffres ne puissent être donnés pour la même année.

On peut dire en somme, en toute modération, que le grand accroissement des dettes municipales a fait baisser la valeur des titres des emprunts municipaux d'environ 10 %. Dès lors, tous les grands emprunts, quel qu'en soit l'objet, coûteront au contribuable 1/3 pour cent de plus d'intérêts. Ceci implique un sérieux accroissement de dépenses qui doit être, en fait, déduit

______

(1) *Municipal Trade.* En Angleterre, la dette par tête s'est élevée à £ 11.16 s.

des profits supposés des placements soi-disant « rémunérateurs ».

Les titres du County Council de Londres devraient
constituer le premier placement municipal du monde.
Or, ils se tiennent au-dessous de ceux de la Cité de
Londres, du service des eaux, et même — quoique
légèrement — au-dessous de ceux de nombreux Comtés.
Il est même des villes, — il n'y a pas de honte à le
dire — dont on ne se serait pas attendu à voir le crédit
sur le même pied, et dont les titres sont cotés plus
haut que ceux de Londres. Je puis citer, par exemple,
Chicester, Nottingham, Oxford, Portsmouth, Tynemouth et Tonbridge Wells. C'est très honorable pour
elles, mais un peu humiliant pour un bourgeois de
Londres.

CHAPITRE IV

LES QUESTIONS DU TRAVAIL

Passons à l'objection suivante et indiquons que plus les États et les villes s'embarquent dans des entreprises commerciales, plus ils se trouvent engagés dans les problèmes généraux du travail; tous ceux qui sont mêlés aux luttes constantes du capital et du travail admettront avec moi qu'il est essentiellement désirable que nos autorités nationales et municipales y échappent dans la plus large mesure possible.

La majorité des travailleurs trouve d'une façon générale ses salaires insuffisants, et cela n'est pas le fait des ouvriers seuls; c'est aussi le cas des hommes de loi, des prêtres, des officiers et de tous les hommes en général. La question des appointements et des salaires est, du reste, très complexe; elle est liée au plus ou moins d'agrément du travail, à sa durée, à la nature de l'effort intellectuel ou physique, à la situation sociale de l'individu, tous facteurs qui doivent entrer en ligne de compte.

Déjà la question des appointements des seuls fonctionnaires occasionne de nombreuses difficultés au Gouvernement, à la Chambre des Communes et aux Municipalités. M. Sims en donne un exemple caractéristique :

« Un berger de la campagne gagnant 16 sh. par se-
« maine s'étant rendu à Londres avec une recomman-
« dation pour un conseiller municipal, fut engagé
« comme balayeur à 28/6 la semaine. Un employé au
« service particulier du protecteur, homme cultivé,
« encouragé par cet exemple, demanda une augmen-
« tation. Il gagnait 25/- et en réclamait 28/-, ce qui
« fut, du reste, refusé net. Il suggéra alors à son pa-
« tron qu'il pourrait aspirer à devenir balayeur pu-
« blic, ce qui lui vaudrait 6 d. de plus que ce
« qu'il réclamait, mais pour toute réponse il reçut ses
« 8 jours à cause de son « impertinence » (1).

A Manchester, sur 120,000 électeurs il y a 18,000 employés municipaux. A Plymouth, leur nombre atteint
5 % des votants. Le *Melbourne Argus* nous dit qu'en
Australie « les employés de l'État constituent la majorité des noms portés sur les listes électorales ».

M. Balfour s'exprimait ainsi, le 23 mars, à la Chambre des Communes, au sujet des salaires dans les manufactures et chantiers de l'État :

« L'un des dangers auquel cette Chambre est expo-
« sée — et auquel, du reste, les municipalités n'échap-
« pent pas — est l'intervention de la politique élec-
« torale dans la modification du taux des salaires, qui
« se ferait au profit des « employés », sans doute,
« mais en même temps au détriment de la masse des
« travailleurs du pays tout entier. C'est là le grand
« danger du travail fait en régie directe par l'État, —
« et l'orateur, en indiquant combien il était défavorable

---

(1) *The Bitter Cry of the Middle Classes,* par G R. Sims, *the
Tribune,* 24 juillet 1906,

« à cette tendance, constatait que les discours qu'il
« venait d'entendre sur la question, malgré leur modé-
« ration, lui montraient le danger encore plus immi-
« nent qu'il ne le supposait. Il concluait très justement
« en disant « que s'il était trop simple de déclarer
« d'une façon abstraite que l'État ne devait rien faire,
« il était, par contre, très dangereux d'admettre qu'il
« devait s'occuper de tout. »

J'avoue que je ne partage pas entièrement l'avis de
M. Balfour. Je ne suis pas effrayé de voir l'État tout
faire, mais, ce qui m'inquiète, c'est de voir l'État ou les
villes, voulant trop faire, ou tout au moins essayant
d'en faire trop.

Il est certain que l'Etat et, bien plus encore, les
municipalités se trouvent dans une situation difficile
en face des prétentions même déraisonnables de leurs
employés, dont beaucoup de gens avisés appréhendent
l'augmentation toujours croissante. Autocratie et Bureaucratie deviennent en effet synonymes.

M. Taylor, secrétaire général de l'Association des
employés municipaux, dans un meeting local tenu à
East Ham, le 20 septembre, indiquait :

« Qu'il y avait à Londres et ses environs 70.000 em-
« ployés municipaux qui disposeraient presque de tous
« les pouvoirs s'ils étaient organisés. Le County Council
« en emploie 30.000, mais une faible proportion seu-
« lement appartient à cette Association ou à une
« autre. »

L'organisateur de la réunion, M. P.-J. Tevenan,
ajoutait :

« Le nombre des employés municipaux dépasse un
« million. — La municipalisation n'est du reste qu'une

« étape, en attendant la nationalisation prochaine de
« toutes les industries du pays. (1) »

On lit dans le dernier compte rendu de la 11e conférence annuelle de l'Association des employés municipaux :

« **M.** Keir Hardie protesta, en tant que socialiste, de
« sa sympathie à l'égard de cette organisation en se
« félicitant de ses progrès. — Il indiqua qu'en feuille-
« tant certains papiers parlementaires il avait constaté
« que le pays comptait plus de deux millions d'em-
« ployés municipaux, chiffre d'autant plus intéressant
« que le nombre total des salariés était de 14 millions.
« — Il avait pu également constater que pour l'année
« 1903, qui avait vu un abaissement général de tous les
« salaires, seuls les salaires des employés municipaux
« avaient augmenté et même atteint un chiffre
« double. (2) »

N'est-ce pas tout à fait suggestif, et l'énorme influence
des employés municipaux sur les élections locales
peut-elle être considérée par les corps élus comme
quantité négligeable ?

L'Association des employés municipaux insiste, bien
entendu, sur ce point et sur l'intérêt de l'union qui
peut exercer sur les élections municipales « une extraordinaire influence ».

Devant le « Joint Commitee on Municipal Trading »
un magistrat de Glasgow, Mr. James Kelly, rappelle
une circulaire électorale du chef du parti local ouvrier,
M. Ferguson, soutenant les candidats partisans du

---

(1) *East Ham Echo,* 21 septembre 1905.
(2) *Lloyd's Newspaper,* 28 mai 1905.

relèvement des salaires municipaux et combattant les autres.

Dans certains centres, les employés municipaux représentent de 5 à 8 % des électeurs, et, comme ils sont tout particulièrement intéressés à ne pas s'abstenir, cette proportion augmente encore dans le nombre des votants.

Les conseillers élus ayant à régler le taux des salaires de leurs électeurs auront tendance à régler ces salaires sur les votes. Nos fonctionnaires municipaux se trouveront alors dans une situation délicate et même impossible. La pratique le démontre du reste. Voyons ce qui se passe à New-York : les défenseurs de Tammany n'admettent pas qu'il y ait corruption, mais avouent que les candidats heureux sont ceux qui multiplient les postes et assurent à leurs agents électoraux des emplois lucratifs. Cette tendance n'aboutira-t-elle pas à éloigner les honnêtes gens de ces fonctions publiques ? Cet état de choses aura pour conséquence inévitable de faire du Conseil un serviteur des employés au lieu de lui permettre de surveiller ceux-ci. En fait, le Conseil sera l'employé et non l'employeur.

Les chemins de fer de l'État fournissent des arguments probants. — A Victoria, par exemple, le résultat a été si désastreux qu'un Conseil d'enquête réuni pour chercher les remèdes au mal conclut que :

« Le service est désorganisé, l'influence politique se « manifestant partout. Il faudrait séparer complète- « ment de l'Etat l'administration des chemins de fer et « la confier à un conseil de cinq membres avec un « directeur général. L'économie annuelle qui en résul- « terait peut être évaluée à £ 365.000 et comprendrait

« une réduction générale des salaires et appointe-
« ments (1). »

Le déficit en six ans avait du reste atteint £ 2.000.000
et la commission d'enquête l'attribuait au nombre exa-
géré des agents et à leur traitement trop élevé ; cependant, pour des raisons que j'indiquerai brièvement plus
loin, on ne remédia en rien à l'état de choses et les
déficits continuèrent à s'accumuler.

Du reste les chemins de fer australiens ont en général
donné également des résultats négatifs et accusé pour
l'État des déficits importants. Nous citerons les chiffres
suivant pour 1901-1902 :

Queensland..........	—	£ 450.000
Victoria.............	—	291.000
Nouvelle-Zélande.....	—	123.000
Tasmanie............	—	116.000
Sud-Australie........	—	74.000
Nouvelle Galles du Sud	—	33.000
	—	1.087.000
Ouest Australie.......	+	12.000
TOTAL.....	—	1.075.000

Les conclusions de la Commission d'enquête du chemin de fer de Victoria citées plus haut sont ainsi com-
mentées dans un intéressant article de l'*Économist* :

« Il est évident que ces propositions se heurtent à
« une opposition énorme des employés, qui eux, sont,
« contrairement à l'entreprise elle-même qui est « dé-

____

(1) *Times*, 18 sept. 1895.

« sorganisée sinon démoralisée », organisés d'une façon
« très sûre. Le rapport du Conseil de direction signale
« sept groupements formés par les agents dans le but
« de sauvegarder leurs droits et privilèges. Quelle
« action peut avoir le Gouvernement en face de ces for-
« mations qui comptent parmi leurs membres tous
« ceux dont dépend l'organisation des chemins de fer
« dans le pays ; ces importantes personnalités se trou-
« vent dans la situation de devoir empêcher toute
« réforme qui viendrait porter atteinte à de prétendus
« droits acquis ou privilèges. Pour arriver au but, il
« faudrait avoir le courage de risquer la grève générale.
« — Le secrétaire de l'Association (un mécanicien)
« commente dans un long discours, et dans des termes
« peu mesurés, les déclarations du Conseil qu'il traite
« de mensongères, affirme que le principal et le plus
« sérieux témoignage est celui d'un expert disqualifié
« dans une autre colonie et ainsi de suite... le tout cou-
« vert par des applaudissements prolongés. Le Prési-
« dent de l'Assemblée législative proteste ensuite de
« sa « sympathie pour les classes ouvrières de la colo-
« nie » et d'autres membres du Parlement invitent en
« termes vagues et contournés, les travailleurs « à pré-
« parer l'aurore d'une ère nouvelle (1). »

Le mal est du reste devenu si aigu que le Gouvernement de Victoria a dû proposer de supprimer le droit
de vote en masse aux employés du Gouvernement en
créant ainsi pour eux un statut spécial.

Il est caractéristique de voir qu'en février 1904,

---

(1) Victorian Railway Administration, Melbourne correspondent,
Economist, 9 nov. 1895.

quinze jours avant les élections, le London County
Council publiait dans un document officiel le relevé
des salaires de son personnel d'employés de 1899 à
1904. A cette époque ce corps avait entrepris directement de nombreux travaux publics au lieu de s'adresser à des entrepreneurs ou architectes. Il en était évidemment résulté d'incessantes demandes en vue de
l'élévation des salaires des corps de métier correspon-
dants, qui s'étaient accrus de 16, 33 et même 38 %. Un
journal de premier plan, l'*Engineering* (1) remarque,
que dans cette même période, les statistiques du Board
of Trade n'indiquent pas une élévation de plus de 1 %
sur les salaires de la généralité des ouvriers de ces
mêmes professions.

Le regretté Lord Farrer s'exprimait ainsi :

« En somme, ce service, quelque bon qu'il soit, n'a
« pas paré au danger de laisser aux prises avec la masse
« des travailleurs des hommes d'Etat à la fois prudents et
« soucieux de ne pas étendre leur champ d'action indus-
« triel. Quiconque a pu juger de l'influence que cette
« masse particulière peut avoir sur le Gouvernement,
« par l'entreprise des membres du Parlement, appré-
« ciera ce péril à la valeur exacte. — En vertu de quel
« droit, dit le Major Darwin, peut-on sacrifier certains
« travailleurs comme imposables ou comme consom-
« mateurs en limitant par le fait leurs ressources, pour
« augmenter d'autant celles d'une relativement faible
« catégorie d'entre eux faisant le même travail et habi-
« tant la même localité ? — Quelle compensation donne-

---

(1) 26 février 1904 : *Municipal Ownership in Great Britain* by
H. R. Meyer.

« t-on aux ouvriers de l'industrie privée ? Rien ne peut
« justifier l'améloration du sort des travailleurs muni-
« cipaux, si elle se produit au dépend de la masse des
« artisans.

« Un tel mode d'administration, écrit Herbert Spen-
« cer, est un retour au despotisme. Nous aurons une
« armée de fonctionnaires civils dont toute la puissance
« nous ramènera aux régimes prétoriens de l'Europe
« du Moyen Age et du Japon qui se sont retrouvés près
« de nous jusqu'aux temps modernes (1). »

Enfin, M. Lecky, parlant de la pression exercée sur
les membres du Parlement pour l'élévation des appointements des fonctionnaires, indiquait « qu'il ne con-
« naissait pas un moyen plus efficace pour gangrener
« les corps électoraux, et dont la propagation détruirait
« plus rapidement toute la conscience nationale (2). »

---

(1) *Democraty and Liberty.*
(2) *The State in its Relation to Trade.*

CHAPITRE V

LES HABITATIONS OUVRIÈRES

Il semble bien qu'en beaucoup de cas les municipalités aient obtenu des résultats absolument opposés à ceux qu'elles voulaient atteindre.

Herbert Spencer, dans *L'individu contre l'État,* a donné de nombreux exemples de lois ayant complètement manqué leur but ; les lois contre l'usure ont fait hausser le taux de l'argent au lieu de le faire baisser ; celles qui devaient faire diminuer les prix les ont fait augmenter ; d'autres qui voulaient régulariser les marchés ont arrêté la production... et ainsi de suite. Que de fois le Parlement n'a-t-il pas dû s'employer à détruire une législation allant à l'encontre de son but.

Nous donnerons d'autres exemples au chapitre VII et je ne veux ici que parler, en passant, très brièvement de l'importante question des habitations ouvrières.

Les municipalités ont, à la fois, le droit de fermer les maisons malsaines et de construire, elles-mêmes, des habitations salubres.

Lorsque les travaux d'embellissement d'un quartier forcent les ouvriers à aller se loger ailleurs, les autorités sont obligées de leur fournir d'autres logements, et, dans ce cas, elles ne peuvent s'en dispenser.

Nous avons le plus vif désir de voir améliorer la situation des classes laborieuses dans nos grandes cités, mais, ce qui m'effraie, c'est précisément de constater que quelques-unes de nos municipalités ont obtenu un résultat tout contraire.

La question se présente d'ailleurs identique dans le Nouveau Monde. La Commission des Logements de l'État de New-York a publié, récemment, un très intéressant rapport, où elle dit :

« Le moment n'est pas encore venu de recommander « une pareille extension des fonctions municipales (il « s'agit de la construction de logements modèles par « la Municipalité). Il n'en résulterait rien de bon. « De telles constructions serviraient tout au plus à « améliorer les conditions de vie d'un petit nombre de « gens qui auraient assez de relations pour s'y assurer « un logement ; encore ces privilégiés n'obtiendraient-« ils ce supplément de confortable qu'au prix de leur « indépendance. »

L'article est très intéressant et fournit une quantité de renseignements.

Dans une étude sur *La Loi et l'Hygiène publique*, M. John Foot, inspecteur principal du service sanitaire de Bethnal Green, montre que la loi de 1890 sur les habitations ouvrières a complètement omis de proportionner lès logements aux ressources de toute la généralité, et n'a profité en réalité qu'aux ouvriers bien payés, ainsi qu'aux étrangers aisés. Elle n'a eu qu'un effet à peu près nul sur les prix des logements d'une seule pièce.

Un rapport du service des Travaux publics de Londres, en date du 21 décembre 1883, note qu'au mois de septembre de la même année, après une dépense de 1 million 1/4 de £ imposée aux contribuables, il y avait eu 21.000 personnes délogées, tandis qu'il avait été bâti des habitations pour 12.000 seulement ; les 9.000 autres restent en attendant sans gîte.

La dépense a été énorme pour des résultats relativement petits. Ainsi que le fait ressortir le dernier rapport de la Commission des Logements du County Council de Londres (1) :

« Les sommes consacrées jusqu'au 31 mars 1905, à
« l'assainissement des logements et espaces insalubres,
« se sont élevées à £ 3.381.281, 4 s. 7 d., tandis que les
« recettes provenant de vente de terrains, de leur
« appropriation aux habitations ouvrières, et les con-
« tributions des autorités locales pour l'exécution des
« plans de la deuxième partie, se sont élevées à
« £ 849.682, 3 s. 1 d.; laissant un solde de dépense
« nette de £ 2.531.599, 1 s. 6 d. D'autre part, en vertu de
« la loi sur les habitations ouvrières, on avait dépensé
« au 31 mars 1905, £ 1.390.487, 10 s. 9 d., auxquelles
« viennent s'ajouter £ 644.737, 4 s. 11 d., en vertu de
« la loi des Réformes. Ainsi donc, au 31 mars 1905,
« on avait consacré aux logements ouvriers une somme
« totale de £ 3.922,086, 12 s. 3 d.

Voici maintenant le résultat :

« A raison de 2 personnes par chambre, le nombre
« total de personnes à qui le Conseil a fourni le loge-
« ment est de 31.339. Ces logements comprennent
« 5.929 appartements de 1 à 6 chambres, répartis en

____

(1) *Annual report of the Proceedings of the London County Council for the year ended March* 31, 1905, p. 128.

« cités et cottages, et 1.147 « pâtés », dans Parker
« Street et Carrington Houses. (1) »

Londres a une population de 5.000.000 d'habitants.
Lui donner 16.000 chambres en 25 ans, c'est à peine
effleurer la question. Il est facile de voir, si nous vou-
lons réellement et sérieusement nous engager dans
une telle politique, quelles sommes énormes il faudra
y consacrer.

Sans doute quelques-uns de ces travaux ont été faits
en vertu d'obligations imposées par la loi ; mais cela
ne fait que déplacer la responsabilité et la rejeter sur le
Parlement. Ce que je critique, ce n'est pas le Conseil,
c'est la politique qu'on a suivie.

Lord Rosebery étant allé, il y a quelques jours, à
Schoreditch, inaugurer des habitations ouvrières construites par le Conseil local, y prononça, comme toujours en pareille circonstance, un discours charmant
et intéressant. Il couvrit le Conseil de fleurs, mais si
on lit attentivement son discours, on s'aperçoit qu'il
constitue au fond un sévère réquisitoire contre cette
politique : « Pour installer 300 familles, dit lord Rosebery, vous en avez délogé peut-être plus que cela ». En
fait, le nombre de personnes déplacées fut de 533, sur
lesquelles 472 seulement furent pourvues d'un
nouveau logement. Voilà une singulière manière de
« loger » les pauvres, et le mot « déloger » semble plutôt le mot propre. Il est évident que plus on fera d'habitations pour les pauvres selon ce système et plus il y
aura de pauvres sans logis.

____

(1) *Annual Report of the Proceedings of the London County
Council,* 1905.

D'autre part, les 472 qu'on installe dans les nouvelles maisons appartiennent-ils à la même classe que ceux qu'on chassait des anciennes ? Pas du tout. Lord Rosebery alla jusqu'à dire : « Vous bâtissez d'admirables édifices ; mais les habitants de ces demeures ne sont pas les mêmes que ceux que vous avez expropriés... Ces logements sont si confortables que quelquefois ils sont occupés par une classe de gens à qui on ne les destinait pas ». Autrement dit, avec ce singulier système d'habitations ouvrières, on a expulsé 533 pauvres diables et logé 472 personnes pour la plupart beaucoup moins intéressantes.

Voilà ce que l'on entend par « loger » les pauvres ! Mais, ajoute lord Rosebery, il n'y aurait pas eu dans ces bâtiments une seule personne de la classe à qui ils étaient destinés si le Conseil n'avait sagement fait un choix parmi les demandeurs et repoussé les locataires qui offraient de payer un loyer supérieur à celui qu'on avait décidé de demander. En résumé, on a donc consacré des milliers de livres de l'argent des contribuables à bâtir des maisons ; puis on a pris la sage résolution de les louer au-dessous de leur prix. Ce système offre un vaste champ aux tripotages et à la corruption.

Lord Rosebery dit au Conseil des choses aimables, mais son discours n'en fut pas moins une sévère condamnation de la politique suivie.

Cette politique serait moins tentante et moins séduisante si on la faisait apparaître sous son véritable nom, car c'est en réalité le « délogement » des pauvres. La question mérite, à mon avis, une étude sérieuse qui démontrerait qu'avec les meilleures intentions du monde les Conseils et les municipalités peuvent manquer tout à fait le but qu'elles cherchent à atteindre.

Mais ce n'est pas tout. Lorsque le County Council proposa ce programme, j'écrivis aux grandes compagnies privées qui avaient logé des milliers d'ouvriers et leur demandai quel serait l'effet de cette politique sur leurs propres affaires. Elles répondirent qu'elles s'abstiendraient dorénavant de bâtir, et j'en conclus que si le County Council n'avait entrepris aucune construction il y aurait à présent juste autant, sinon plus, d'habitations ouvrières qu'il n'y en a. D'autre part, même si l'on admet que ce qu'ont fait le County Council et les Councils de quartiers se justifie, c'est bien peu encore pour un si vaste objet. Londres a une population de 5 millions d'habitants dont une grande partie est très pauvre ; en loger quelques milliers devient négligeable. Il faut ne pas s'arrêter au milieu du chemin, et comme il a été dépensé 4 millions de livres pour loger 31,000 personnes, il est facile de voir quelles sommes formidables il faudrait consacrer à l'exécution du programme d'ensemble.

N'oublions pas enfin que le Conseil qui fixe le prix des loyers est élu par les locataires eux-mêmes. Le système semble être de ceux qui sont féconds en résultats désastreux, et si lord Rosebery a couvert de fleurs cette politique, tout ce qu'il en a dit ne la condamne pas moins en fait.

Mutatis mutandis, les remarques précédentes s'appliquent aussi bien aux autres autorités locales.

Miss Octavia Hill, qui jouit d'une grande autorité en la matière, écrit au *Times :*

« 1. Les travaux seront coûteux. Un corps élu

« comme le County Council de Londres ne peut être
« économe, et il nous faudra toujours payer la note
« sous une forme ou sous une autre. Pourquoi préfé-
« rer payér en impôts plutôt qu'en loyers? Le paie-
« ment sous forme d'impôts, plus brutal et sans élas-
« ticité, sera encore le plus pénible.

« 2. Le County Council, qui doit exercer un pou-
« voir de surveillance, se trouvera lui-même pécuniai-
« rement intéressé dans les maisons qu'il doit con-
« trôler.

« 3. Le corps électoral se composera en grande
« partie des locataires du corps à élire .»

Et elle ajoute :

« Je doute que les devoirs de propriétaire et de
« magistrat municipal puissent être remplis dans de
« telles conditions.

« Quiconque connaît la matière sait que les compa-
« gnies sérieuses et les bons architectes ne s'attachent
« pas à satisfaire aux demandes d'habitations, comme
« ils le faisaient avant l'ingérence municipale. Leur
« travail est arrêté. Quand un corps constitué, qui a
« le pouvoir de puiser dans la caisse des impôts, en-
« treprend une affaire, il est naturel qu'aucun parti-
« culier ne cherche à entrer en lutte avec lui. »

C'est encore ce que M. Ernest Noël, président de la
Compagnie des Logements des Artisans, déclarait récemment à ses actionnaires en exprimant qu'à son
avis « les projets de construction du Conseil auraient
un résultat désastreux pour le logement réel des pauvres gens » (1).

---

(1) *Charity Organisation Review*, Juillet 1901, p. 12.

Plusieurs de nos municipalités ont aussi prévu la construction en grand de maisons modèles. On peut douter que la substitution de l'agglomération ouvrière au foyer familial soit de l'intérêt des pauvres et qu'il y ait lieu de l'encourager.

CHAPITRE VI

PROFITS ET PERTES

Tous ceux qui s'occupent de commerce et d'industrie savent que la balance des profits et pertes dépend de l'attention soutenue donnée aux détails, du choix judicieux du personnel, du travail, de la réflexion et du temps consacré aux affaires. Il est impossible de supposer que les gouvernements et les municipalités puissent donner à leurs entreprises la même attention que ceux qui savent que leur fortune, le bien-être de leurs proches et celui des êtres chers, dépendent du succès de leurs efforts. Il est évident que faute de tels stimulants à l'activité et à l'économie, le travail gouvernemental ou municipal ne peut se solder qu'en perte ou tout au moins aboutir à un service moins bien fait.

Il est d'autres raisons encore qui appuient cette même théorie : tandis que les hommes d'affaires sont entraînés à leur travail, les conseillers municipaux sont choisis, les uns par raisons politiques, les autres à cause de leur talent oratoire populaire ou bien encore pour une quantité d'autres motifs, mais sans que jamais il ne soit attribué un coefficient important à leur aptitude au travail spécial qu'ils auront à fournir. D'autre part, tandis que les principaux agents supérieurs sont souvent mal payés, la masse des employés ordinaires profite en général des journées plus courtes et des salaires plus élevés que dans l'industrie privée, de telle sorte qu'une fraction devient ainsi avantagée aux dépens de la masse des travailleurs.

Tout le monde a remarqué l'indolence et le détachement avec lesquels les balayeurs des rues employés par les paroisses et les conseils de quartiers, s'acquittent de leur travail. Leur but semble être d'en faire le moins possible, et, en voyant ce qui se produit sous les yeux même du public, on peut deviner ce qui se passe ailleurs !

Beaucoup estiment de très bonne foi que les municipalités, en assurant certains services, peuvent faire des bénéfices et contenter ainsi doublement le public en fournissant à bas prix les choses nécessaires à la vie, tout en réduisant les taxes.

Mais d'autres croient, à plus juste raison, selon moi, que nos municipalités ont déjà sur les bras des charges assez lourdes, que l'attention individuelle et le stimulant de l'intérêt personnel permettent aux entreprises privées de produire à meilleur compte, et ils estiment que l'intervention gouvernementale ou municipale constitue forcément une entrave aux incessants progrès de la science.

Les partisans des entreprises administratives parlent avec mépris des « spéculations privées ». A mon sens, il faut établir une distinction absolue entre les entreprises sérieuses et tout ce que l'on peut qualifier à bon droit de « spéculations ». Mais si ce dernier terme est considéré comme juste, je prétends que les placements de spéculation ne doivent pas être compris dans les attributions municipales, ni être faits avec l'argent des contribuables. Sans doute, l'exploitation de nouvelles industries et l'achat de brevets ne constituent pas des entreprises purement spéculatives, mais ils comportent pourtant beaucoup d'aléas. La loi interdit aux « trustees » de tels placements ; or les autorités locales, si elles ne sont peut-être pas en droit des « trustees » le sont essentiellement en fait et ne doivent pas s'embarquer dans des entreprises qui impliquent inévitablement de grands risques. En outre, je me permets de demander si l'on a l'intention de monopoliser toutes les affaires qui assurent 3 % de revenu, car pourquoi choisirait-on alors les unes plutôt que les autres et pourquoi, puisque les boulangeries rapportent plus de 3 %, ne s'occuperait-on pas de fournir le pain qui est tout aussi nécessaire que l'eau et le gaz ?

Nous traiterons notre sujet sous deux formes : 1° au moyen de considérations générales ; 2° en fournissant des chiffres et des statistiques. Les comptes sont généralement si compliqués que la première méthode me paraît la plus probante, mais les chiffres nous montreront également et d'une façon très claire qu'il est désirable de restreindre les municipalisations aux plus étroites limites.

Sans doute, je ne méconnais pas que l'on ait pu faire des bénéfices dans certains cas particuliers. Quand une municipalité a un monopole et qu'elle peut augmenter les prix à son gré, il est facile, comme je l'indiquais précédemment, d'accuser des bénéfices, au moins sur le papier. Les municipalités tirent ce qu'elles veulent de la poche des contribuables et c'est ainsi qu'elles accusent un bénéfice.

Je puis donner, pour appuyer ma thèse, l'exemple

suivant : « Manchester a réduit ses taxes de 7 d.
« par £, grâce aux entreprises municipales. Or, le
« *Times* a indiqué le mécanisme : le Conseil ayant
« besoin, pour le dégrèvement des taxes, de £ 50.000,
« les a tirées de l'entreprise du gaz par une augmen-
« tation des prix de 3 d. par 1.000 pieds cubes.
« Voilà ce qu'on appelle un bénéfice ! » M. Donald
approuva, du reste, cette méthode, mais elle ne semble
pas défendable et le *Times* ajoutait qu'il y aurait erreur
et mauvaise foi à employer, dans ce cas, le mot de
« bénéfice ».

Le Secrétaire municipal de Liverpool s'exprimait ainsi
dans un récent meeting :

« Les municipalités ont été encouragées par le Par-
« lement à emprunter de grosses sommes pour faire de
« l'éclairage électrique et il a toujours été spécifié qu'il
« n'y aurait pas de concurrence. »

Les monopoles sont mauvais, mais ceux du Gouvernement et des municipalités le sont encore plus que
les autres, car ils sont les plus difficiles à réglementer,
à contrôler ou à détruire ; d'ailleurs, je doute fort que
les bénéfices sur le papier aient quelque existence
réelle. Certes, je n'ai pas eu un instant l'idée qu'il y
ait quelque inexactitude voulue dans les comptes, mais
tous les gens du métier savent combien les comptes
sont trompeurs. En premier lieu, on a des raisons de
croire qu'une dépense considérable pour frais d'administration, de procédure, de comptabilité, ainsi que la
part du loyer de la mairie qui devait incomber aux
différentes entreprises, s'est, dans beaucoup de cas,
incorporée dans le budget ordinaire de la ville. Ces
frais pourtant correspondent à ce qu'une compagnie

privée paie pour son secrétaire, son avocat, ses comptables et son loyer, et il est évident qu'on doit compter en dépenses un crédit particulier à ces divers chapitres avant de faire le calcul du bénéfice réel, si toutefois il y en a un.

En second lieu, les sommes affectées à l'amortissement du matériel sont partout beaucoup trop faibles.

Le « Joint Parliamentary Committee », nommé pour faire une enquête à ce sujet, émit quelques vues excellentes, dont l'une pour la nomination d'un inspecteur des comptes indépendant. Les partisans de la municipalisation, loin d'accueillir favorablement cette mesure, y furent au contraire énergiquement opposés; ils s'efforcèrent d'en empêcher la mise en pratique et cela probablement parce qu'ils craignaient la lumière. Pour moi, j'ai quelque idée que l'examen des comptes par des hommes compétents aurait fait ressortir des pertes au lieu de profits; il est du reste loin d'être prouvé que la diminution des taxes n'eut pas été supérieure si les entreprises étaient restées entre les mains des particuliers, et pour ces raisons, tous ces prétendus bénéfices des municipalités me paraissent plus que contestables.

Peut-être n'est-il pas inutile de fournir quelques exemples pour montrer combien il est difficile de démêler les comptes des municipalités :

En 1901, le County Council de Londres acheta un terrain dans le voisinage de Long Lane et le céda à la Commission des Habitations. La Commission des Réformes établit dans son rapport que le terrain coûta £ 2.875 mais qu'il fut compté à la Commission des Habitations £ 1.432 seulement.

Je n'incrimine ni le Conseil ni les commissions

d'aucune intention de fraude. La Commission fournit
du reste l'explication suivante :

« La valeur du terrain était de £ 2.875 dont la Com-
« mission des Habitations ne pouvait payer que £ 1.432.
« Comme la reconstruction des maisons est une obli-
« gation statutaire qui doit entrer en compte dans les
« frais d'amélioration, la Commission des Réformes
« consentit à laisser le terrain à ce prix réduit en repor-
« tant le déficit à son propre compte. On décida en
« conséquence « d'approuver la proposition de la
« Commission des Réformes fixant la valeur du ter-
« rain nécessaire pour la reconstruction des maisons
« à £ 1.432. »

Un autre exemple extrait d'un rapport du même
jour est encore plus typique :

« La Commission des Réformes y indique plus loin
« que le Conseil a acheté un emplacement dans London
« Fields, Hackney, pour loger environ 486 personnes
« déplacées par les travaux de Mare Street. La valeur
« du terrain était de £ 1.250 ; mais la Commission des
« Habitations ne pouvant rien payer, la Commission
« des Réformes, pour les mêmes raisons qu'à South-
« werk, demanda au Conseil de fixer à zéro la valeur
« du terrain. »

Le 24 juillet 1906 (*Times* du 26), à la réunion hebdomadaire du London County Council, sir T. Brooke-
Hitching mentionne que « le Conseil a acheté une an-
« cienne brasserie dans Clerkenwell Road, au prix de
« £ 200.000 pour construire des habitations ouvriè-
« res, puis a cédé l'emplacement à la Commission des
« Habitations pour £ 45.000. L'orateur pense que la
« meilleure mesure à prendre par suite de l'état de

« choses actuel, serait d'avoir, pour vérifier les comp-
« tes, un comptable juré. »

De même, à la séance du County Council du 1ᵉʳ août
1905, M. Collins, parlant de la construction d'habitations pour recevoir les personnes déplacées par suite
de la construction du tunnel de Rotherithe s'exprimait
ainsi :

« Quand on s'aperçut que, loin de couvrir leurs frais,
« ces logements laissaient un déficit annuel équivalent
« à un capital de £ 9.585, on décida qu'au lieu d'im-
« puter la valeur du terrain £ 3.050 au compte des
« Habitations, l'emplacement lui serait compté libre
« de toutes charges. En outre, ce chapitre recevrait
« une subvention jusqu'à concurrence de £ 6.535,
« qui seraient prélevées sur le compte du tunnel de
« Rotherithe. Après avoir jonglé avec les chiffres,
« on put ainsi obtenir une prévision de bénéfice annuel
« d'un peu plus de £ 9 (1). »

Quand les comptes sont ainsi manipulés, il est facile
de faire ressortir des bénéfices sur le papier !

On lit dans le *Times* du 26 juillet 1906 :

« Le Commissaire au Conseil du Local Government
« a appelé l'attention sur les manipulations dont la loi
« sur les habitations ouvrières est l'occasion, et qui
« ont vraisemblablement pour objet de cacher la
« pleine vérité aux contribuables. Pour les maisons de
« Brightlingsea à Roterhithe, le coût du terrain était

---

(1) *The Globe*, 2 août 1905. — M. Bruce, qui a consacré la plus
grande partie de son temps à cette question, estime que M. Collins
se trompe et n'a pas bien apprécié la situation. Je crois, au contraire, qu'il n'en est rien et que M. Bruce n'a pas compris la valeur
des objections. C'est, du reste, comme nous le verrons, également
l'avis de l' « auditor officiel ».

« de £ 12.000, mais comme il s'agissait de logements
« ouvriers l'expert le porta en compte pour £ 1.000 ;
« finalement la Commission des Habitations obtint le
« terrain pour rien. Quand les bâtiments furent livrés, la
« Commission trouva encore que l'on n'aurait jamais de
« bénéfices, et que cette branche d'entreprise municipale
« se solderait par une perte de £ 397 par an. Au lieu de
« porter cette perte au compte des Habitations, on
« décida alors de la solder annuellement par un
« prélèvement sur le budget ordinaire. La Commission
« des Finances attira l'attention sur ce cas, mais le
« compte n'a pas encore été vérifié. Le Conseil, après
« avoir donné gratuitement à la Commission l'empla-
« cement évalué à £ 3.050, a chargé en plus le compte
« construction de £ 6.535 pour « assurer l'équilibre »
« de ce budget ; ce qui n'empêche pas, à Londres, que
« chaque semaine les progressistes annoncent des béné-
« fices sur les habitations ouvrières et quand leur chef
« est prié avec insistance de fournir des preuves, il
« se borne à répliquer « qu'il n'est pas homme à s'en
« laisser imposer. »

Dans son dernier rapport sur les comptes du County
Council de Londres, M. Cockerton, commissaire officiel,
déclare ceci : (1)

« Pendant l'année qui finit au 31 mars 1905, le
« Conseil paraît en certains cas s'être départi de cette
« coutume ; il semble avoir porté au compte des Habi-
« tations ouvrières des sommes qui, par l'importance
« de leur montant permettraient au Conseil d'élever et
« exploiter des maisons sans augmenter les charges

____

(1) *Times*, 21 août 1906.

« des contribuables. Dans deux cas, la valeur commer-
« ciale du terrain était de £ 4.500 ; or le prix proposé
« par l'expert du Conseil pour l'érection des habitations
« ouvrières fut de £ 2.250. Dans ce compte il n'était
« rien prévu pour le prix du terrain. Dans un troi-
« sième cas, on porta une somme égale à environ un
« quart de la valeur commerciale de l'emplacement.
« Le commissaire explique que la différence entre la
« somme mise au compte des Habitations et la valeur
« réelle du terrain est imputée au compte des Amé-
« liorations et Réformes. Pour les travaux faits en
« commun, comme ceux de Mare Street, où le Conseil
« du quartier de Hackney contribue pour un quart de
« la dépense jusqu'à concurrence de £ 125.000, l'un des
« coparticipants est, de ce fait, fortement lésé. Le
« fonctionnaire ajoute qu'il a laissé passer les comptes
« tels qu'ils lui ont été soumis, mais il exprime l'espoir
« que le Conseil donnera des instructions pour que les
« rectifications soient effectuées dans les différents cha-
« pitres afin de rectifier le compte des Habitations qui
« a été considérablement diminué et faire ressortir la
« valeur exacte des immeubles. »

D'autre part, au sujet des tramways, dans son dernier
rapport sur les comptes du County Council de Londres,
le même fonctionnaire écrit (1) :

« Des sommes se montant à £ 89.305 ont été mises
« au compte des tramways pour des dépenses destinées à
« l'élargissemeut des rues sur leur passage. Dans vingt-
« trois cas, le Conseil décida que le compte des tram-
« ways supporterait une partie et même, dans un cas, la

______

(1) V. *Times*, 21 août 1906.

« totalité de la dépense. On estime à £ 377.620 la charge
« totale supportée de ce chef par le compte tramways.
« La proportion varie selon les lignes, mais elle est en
« moyenne d'un tiers du prix net des travaux. Le com-
« missaire explique que le Conseil ne semble pas avoir
« eu de base précise pour établir ces répartitions qui lui
« paraissent d'un caractère quelqué peu arbitraire. »

Il a été bien souvent exprimé que les dépenses d'administration centrale n'ont jamais été rigoureusement
réparties jusqu'ici entre les différents chapitres du budget. Pour Londres, le fait est admis depuis longtemps
et il faut, sans aucun doute, admettre que ce défaut
existe également dans toutes les autres municipalités.

La Commission des Finances du London County Council
émet l'opinion suivante dans son rapport de juin 1906 :

« Le moment est venu de faire des règlements en
« vue d'une répartition plus complète des dépenses
« en question ; nous demandons au Conseil de nous
« charger de préparer et de lui soumettre un pro-
« gramme définitif et une réglementation pour la ré-
« partition des frais de premier établissement. »

Pourquoi a-t-on attendu jusqu'à présent ? Sans doute,
la Commission soucieuse de masquer, autant que possible, l'importance de ce procédé vicieux, déclare que
les sommes allouées, tout en étant trop faibles, sont
pourtant acceptables ; mais s'il est délicat, en fait, de
juger ce qui est « acceptable » ou pas, il semble cependant que cette affirmation soit difficile à justifier si
l'on considère les faits suivants établis par M. H.-P.
Harris, le Président actuel (1).

« Nous ne sommes pas ici pour discuter la propor-

____

(1) V. *The London Argus*, 21 juillet 1906.

« tion des travaux de voirie qui doit être mise au
« compte d'amortissement des tramways. Nous sommes
« ici pour déterminer quelle part de frais d'établisse-
« ment : dépenses des commissions, installation du
« siège central, frais de bureau, d'instance au Parle-
« ment, etc., n'a pas été imputée aux comptes des
« entreprises. On prétend qu'en attribuant les charges
« aux nouvelles entreprises, en proportion de leurs
« frais d'établissement, on les ventile de la façon la
« plus rationnelle ; mais j'ose dire que cette prétention
« est aussi peu justifiée que possible. Les charges d'éta-
« blissement croissent par à-coups. Il existe, à ce sujet,
« quelques statistiques intéressantes dans le rapport du
« contrôleur à la Commission des Finances. J'y trouve
« que les salaires et appointements du personnel nommé
« par l'Establishement Committee s'élèvent, au total, à
« £ 281.000, sur lesquels £ 51.000, en chiffres ronds,
« sont mis au compte du département de l'Education,
« £ 61.000 aux autres sections, et £ 163.000 à ce
« qu'on appelle « general establishment ». Une grande
« partie des frais qu'on met ainsi à ce dernier compte,
« devrait être imputée régulièrement à un certain
« nombre d'entreprises. On propose que cette part
« leur soit imputée à l'avenir, mais avant de parler
« des bénéfices qu'elles réalisent, il faudrait d'abord
« se rendre compte des frais qui auraient dû leur être
« imputés dans le passé. »

« Afin de nous donner la sécurité complète, il nous
« faut connaître la situation sincère et véritable de nos
« affaires. Or, si je considère ce « Central Office » que
« les entreprises ont la chance de trouver à leur service
« sans bourse délier, je trouve qu'il coûte au total

« £ 59.200. Là-dessus, £ 13.800 sont mises au compte
« de l'Education, et combien pensez-vous qu'on ait
« imputé aux autres comptes ? £ 575 ! Il en ressort que
« £ 44.835 sont portées sous cette rubrique vraiment
« très commode : « general establishment ». Si nous
« passons maintenant à ces dépenses d'administration
« qui ne sont pas comptées directement comme une
« partie des dépenses propres à chaque service, nous
« trouvons pour l'imprimerie et divers un total de
« £ 66.200 ; le compte de l'Education supporte £ 36.000 ;
« les autres services £ 720. Le montant imputé au
« general establishment » s'élève à £ 29.050. »

« Il est donc certain que nous n'avons pas, dans le
« passé, attribué à chaque entreprise une part des dé-
« penses centrales proportionnelle à ses frais d'éta-
« blissement. Il est évidemment de l'intérêt absolu
« du public de savoir ce qui a été compté dans le passé
« et ce qui doit être compté dans l'avenir. »

Il n'y a pas lieu d'insister sur la valeur des arguments si clairement exposés par M. Harris.

Au cours d'une séance du Conseil de Brighton, le
21 avril, où l'on examinait les comptes de la Commission des Travaux, un membre fit remarquer que le
renouvellement de la décoration d'un candélabre électrique placé devant un monument avait été porté au
compte des travaux et non à celui de l'entreprise d'électricité ; il montra que ce système tendait à faire ressortir des bénéfices inexistants et à tromper le public
sur les vrais résultats des entreprises de la ville.

M. A. Beazley, dans une critique des comptes de la
municipalité de Cardiff, établit que rien n'a été compté
pour l'amortissement de l'entreprise d'éclairage élec-

trique, si l'on en excepte une somme de £ 500 portée au fonds de réserve pour l'année qui finit en mars 1903, alors que la dépense totale atteint £ 200.000. La dette générale monte maintenant à près de £ 3.350.000. M. J.-P. Elms, secrétaire de l'Association des contribuables de Newport, établit que dans cette localité, les installations d'éclairage électrique possédées par la municipalité ont coûté environ £ 100.000 qui, à 4 °/₀ correspondraient à un revenu imposable de £ 4.000. La somme actuellement portée au registre des taxes est de £ 432, mais par contre, dans la ville, le service du gaz est assuré par une entreprise privée à qui l'électricité fait concurrence et que l'on cherche à imposer vingt fois plus !

M. Arnold Wright, parlant des entreprises municipales d'éclairage électrique (1), s'exprime ainsi :

« A Bermondsey, Southwark, et dans d'autres centres,
« les frais considérables des projets de lois déposés
« au Parlement dans l'intérêt des entreprises locales
« d'éclairage électrique sont portés au compte des
« frais généraux de l'Administration municipale. Mais
« la forme la plus grave qu'aient prise ces tentatives de
« faire ressortir par tous moyens un « bénéfice » con-
« siste à faire payer très cher à la commune l'éclairage
« des rues et des édifices publics. Bermondsey, par
« exemple, paie £ 123.1 s. par mile pour l'éclairage de
« ses rues à l'électricité, tandis que le district voisin
« de Camberwell est splendidement éclairé au bec Auer
« pour £ 90.8 s. par mile. Il y a quelques mois la Com-
« mission de l'Education du Conseil de West-Ham a
« émis un vœu en faveur d'une installation de lumière

____

(1) *Financial Review of Reviews*, juillet 1906.

« électrique au prix de £ 500, quoiqu'on eut fait aupa-
« ravant un devis de £ 200 pour un même éclairage
« au moyen du gaz à incandescence. »

Je n'impute certes à ces municipalités aucune intention de tromper le public, mais il est évident que
lorsque les comptes sont ainsi établis, il est bien difficile d'en tirer des conclusions.

M. Schooling, dans le *Windsor Magazine* de janvier
dernier, a relevé les sommes affectées pour amortissement du matériel par £ 100 de capital engagé :

Service des eaux : 11 1/2 d.; gaz : 8 d.; électricité :
3 s. 2 1/2 d.; tramways : 10 s. 4 d. Pour les 1.029 entreprises productives données par sir Henry Fowler,
dans son second *Rapport sur les entreprises productives,*
il dit ce qui suit :

« Si l'on considère la nature des entreprises, et le fait
« que la plus grande partie du capital est placée en
« matériel qui s'use et se brise facilement, j'estime
« qu'un amortissement annuel de 5 % du capital est un
« amortissement tout à fait modéré. Sur cette base, le
« compte profits et pertes doit être rectifié comme suit :

Capital investi................ £	121.170.000
5 % pour la dépréciation annuelle. £	6.058.500
L'amortissement annuel fixé par les municipalités étant de............ £	193.274
L'excédent nécessaire d'amortissement annuel ressort à............ £	5.865.226
Le bénéfice net, accusé par les municipalités, ressort à............... £	378.281
Tandis qu'il y a en réalité une perte résultante de..................... £	5.486.945

Je ne prétends pas être une autorité en matière de pourcentage d'amortissement industriel ; mais M. Schooling est fort bien qualifié à cet effet. En tout état de cause les chiffres que l'on admet actuellement sont certainement trop faibles et le petit bénéfice apparent se transforme clairement en un déficit sérieux.

Mais revenons à la Commission des Travaux du County Council de Londres. Assurément il y aurait un sérieux avantage à ce que l'argent des contribuables ne fut pas employé à la construction de maisons.

Cette Commission d' « amateurs » a fait, pendant l'année finissant au 31 mars, pour £ 662.000 de travaux, et il y en avait d'autres en cours pour £ 1.352.000. Le nombre moyen des ouvriers employés était de 3.382 et les salaires de £ 378.000. Voilà donc une énorme affaire, que doivent contrôler des hommes déjà très surmenés et qui ont à assumer d'autres charges plus importantes. Il y a quelque temps, on demanda au Président d'alors combien de briques un briquetier du Conseil faisait par jour. Le Président dit qu'il s'informerait. Pressé de nouveau, il déclara qu'il était difficile de répondre à la question posée, que pourtant c'était un peu plus de 300 briques. Or, en Amérique, le nombre moyen par jour, d'après mes informations, atteint souvent 2,000. Il n'est donc pas étonnant que la Commission des Travaux fasse souvent des dépassements de crédit !

En vérité, le Conseil crie bien haut qu'il a économisé £ 23.700 sur les prévisions. C'est, déclare-t-il, une preuve évidente de l'avantage qu'il y a à faire le travail en régie.

Mais qui a fait les estimations ? Le Conseil. Il fait

ensuite les travaux à un prix inférieur, et il proclame qu'il a fait un bénéfice au profit des contribuables ! Cela est réellement absurde et serait risible si ce n'était pas si grave.

Sir Melvill Beachcroft, ancien vice-président du Council, maintenant Président du Conseil du Service des Eaux, dans un discours du 1er août 1906, déclare :

« Quant au département des Travaux, je n'en puis « rien dire, parce que je ne sais rien des méthodes « adoptées par la Commission en ce qui concerne les « estimations et les adjudications. La Commission des « Travaux est une place forte dont les portes sont « closes. Il n'est permis à aucun représentant du « parti modéré d'en être membre, et nous devons « accepter les « réserves » et les « bénéfices » qu'elle « accuse sur les affirmations toutes gratuites de la « Commission. »

Si vous avez à faire vous-même votre estimation, il suffira, pour faire des économies sur les devis, de les prévoir suffisamment larges. Qu'on me permette de citer comme exemple la lettre suivante de M. R. Clutton, le grand agent en terrains :

« Mon cher Lord, — Comme suite à notre récente « conversation, relative aux devis établis par le Dépar- « tement des Travaux du L. C. C. (London County « Council) pour la construction de voûtes au Knights- « bridge que l'on veut élargir, voici mon avis : L'esti- « mation du Département des Travaux pour le travail des « briques de ces voûtes fut de £ 28 par perch (tra- « vail au ciment). L'Office du Travail aux pièces (The « Office of Work'jobbing) traite pour le même travail « à £ 19.2 s,, qu'il s'agisse de la base ou du sommet

« d'un ouvrage élevé. Pour des voûtes, £ 18 par perch
« serait, à mon avis, un très bon prix. Mais même en
« prenant pour base £ 19.2 s., l'écart est tout à fait
« injustifié.

« Votre très dévoué.

« Ralph. CLUTTON.

« 9, White Place London. »

« 24 décembre 1902 ».

Plusieurs commissions ont, à diverses reprises, signalé le coût excessif des travaux entrepris pour elles par la Commission des Travaux publics.

La Commission des Parcs et Jardins publics, dans son rapport du 13 novembre 1894, se plaint de ce que, « sous l'ancien système des contrats, la commission « savait exactement combien on dépenserait d'argent « pour n'importe quel travail commandé par elle, ou « du moins elle avait le moyen de limiter le montant « de ces dépenses ; mais avec le système actuel des tra- « vaux faits par le Département des Travaux, la Com- « mission des Parcs n'a plus aucun contrôle sur les dé- « penses. »

Après avoir relevé que la Commission des Travaux avait fait sept entreprises pour le compte de la Commis- sion des Parcs et que dans chaque cas, les prévisions avaient été dépassées, cette dernière Commission ajoute :

« Il en résulte que les sept ouvrages entrepris par la « Commission des Travaux publics, sur devis acceptés « par elle, n'ont pas coûté moins de 36.14 % de plus « que les estimations. En tenant compte de toutes les « circonstances, nous nous croyons en droit d'attirer « l'attention du Conseil sur le coût des travaux exécu- « tés par la Commission. »

Afin d'éviter que l'on puisse objecter une évaluation trop basse des architectes particuliers, la Commission des Parcs a approfondi la question. Elle a préparé un rapport sur tous les travaux faits par contrat et est arrivée au résultat suivant : Pour 80 travaux ainsi exécutés, les devis des architectes s'élevaient à £ 52.000 et les sommes réellement payées aux adjudicataires montent à £ 49.000, ce qui fait à la fois honneur à l'architecte, feu M. Blashell, et à son personnel, tout en prouvant que les travaux faits pour le compte de la Commission des Parcs, quand ils étaient faits par des adjudicataires, nous coûtaient 6 % de moins que les prévisions, tandis que, faits par la Commission des Travaux, ils nous coûtent dans certains cas jusqu'à 36 % de plus !

En novembre 1894, la Commission des Pompes à incendie jugea nécessaire d'appeler l'attention du Conseil sur le département des Travaux. Elle citait nombre de cas où il y avait eu de larges dépassements de crédits, et elle ajoutait qu'il lui était impossible de comprendre pourquoi le travail avait coûté si cher. A la dernière séance du Conseil en 1894, la Commission du Domaine parlant de la construction d'un mur déclara « que la dépense lui paraissait excessive ». On en référa à l'architecte : celui-ci répondit qu'il ne pouvait pas expliquer les dépassements, mais que les maçons avaient posé seulement 23 briques en moyenne par heure. La Commission des Travaux était défendue par son président, par M. Crooks et par M. Goodman. M. Ward contesta les assertions de l'architecte et assura au Conseil que le nombre des briques posées par heure était au moins du double. M. Crooks dit que, si

les dépenses étaient si élevées, ce n'était pas la faute
des ouvriers, mais celle de la Commission qui employait
dix fois trop de fonctionnaires. Enfin, M. Goodman,
estimant sans doute que ces arguments étaient dangereux, assura au Conseil que ce n'était la faute ni des
ouvriers, ni des fonctionnaires, mais celle des briques
qui étaient très mauvaises et dont on n'aurait jamais
dû se servir. Les briques ne pouvant se défendre elles-
mêmes, la discussion s'arrêta là, mais on put se demander tout naturellement pourquoi l'administration
fournissait de si mauvaises briques.

Pour mon compte personnel, je ne partage pas l'avis
de la Commission des Pompes à incendie, qui comprenait difficilement pourquoi les travaux coûtaient si
cher. La Commission des Travaux a sans doute fait de
son mieux ; il n'est que juste de reconnaître que ses
membres ont consacré à l'affaire beaucoup de temps et
d'efforts. Ce n'est donc pas leur faute ; mais il est impossible que des profanes, quels que soient leur zèle
et leur enthousiasme, puissent construire des bâtiments
à aussi bon compte que des gens qui ont fait ce métier toute leur vie. J'ai vu plus d'une maison de commerce aller à la ruine et à la banqueroute pour être
sortie de sa spécialité. Mais il y a des doctrinaires qui
regardent comme la pierre de touche du progrès que
chacun fasse la besogne des autres. Si les électeurs
renvoient au County Council les partisans de cette
politique, ils doivent s'attendre à un rapide et conti-
nuel accroissement de leurs taxes (1).

---

(1) Les élections de 1907 ont donné raison à l'auteur en assurant
pour la première fois depuis la création du L. C. C. la victoire des
« Modérés » sur les « Progressistes » et la défaite du Socialisme
Municipal tout puissant depuis 20 ans.　　　(*Note du Traducteur*).

Ces exemples doivent convaincre tout le monde, et je n'ai qu'à rappeler d'un mot la folle spéculation sur les bateaux à vapeur de Londres, à l'occasion de laquelle le County Council imposa en une seule année aux infortunés contribuables une charge de plus de £ 50.000.

Un des derniers partisans de cette politique, M. Donald, s'exprime ainsi sur la nationalisation des industries (1) :

« La raison pour laquelle le service des télégraphes « a laissé un déficit est que l'État reconnut stupidement « des titres d'apport aux intéressés, acheta des appa- « reils hors d'usage et paya des primes sur un capital « fictivement majoré. »

Quoi qu'il en soit, il est officiel que pour les douze derniers mois, le déficit a été de £ 439.000, et si même nous n'avions rien payé pour l'achat des télégraphes et de tout ce qu'on y a ajouté, si on les avait donnés pour rien à la nation, il y aurait eu encore, l'année dernière, une grosse perte sur l'exploitation.

Sans doute ce résultat est dû en partie à la réduction des tarifs, mais si les télégraphes n'avaient pas été rachetés par l'État, nous aurions eu probablement la réduction sans le déficit. Or ce déficit cumulé jusqu'à l'an dernier, s'est élevé à plus de £ 10.000.000.

Je vais maintenant examiner rapidement les industries que l'on donne généralement comme exemples les plus concluants des soi-disant avantages de la municipalisation : les tramways, le gaz et les eaux. Je me bornerai pour le moment à discuter uniquement les comptes de profits et pertes de ces différents services.

____

(1) *Contemporary Review*, août 1900.

Tramways

On dit souvent que les tramways doivent rester
entre les mains des municipalités parce que la surveillance de la voirie appartient exclusivement aux autorités. Mais d'autre part, il est probable que les rues
seraient dégagées plus vite lors des travaux, et le
public exposé à moins d'inconvénients, si les lignes
étaient construites et entretenues par des compagnies
particulières ; celles-ci travailleraient plus rapidement,
et, si par hasard elles se négligeaient par trop, elles
encourraient les observations des autorités locales. —
Qui donc pourrait, par contre, stimuler l'activité d'une
municipalité négligente ?

D'ailleurs, même si les autorités locales construisent
les lignes, ce n'est pas une raison de se charger d'exploiter les tramways. Lorsque M. Shaw-Lefevre (depuis
lord Eversley) présenta au Parlement le malheureux
Bill des tramways en 1870, il affirma à la tribune que
ce bill autoriserait les autorités locales à construire des
tramways, « mais non à les exploiter ».

L'histoire des tramways de Londres m'a toujours
paru une admirable leçon de choses. On se rappelle
que les tribunaux ont donné aux « Acts » du Parlement
qui régissent la construction des tramways un sens
qu'on n'avait pas prévu, et les malheureux actionnaires
ont appris qu'ils ne possédaient aucun des droits sur
la foi desquels ils avaient donné leur argent. Grâce à
cela le County Council devint propriétaire de l'actif
pour une somme très inférieure à sa valeur réelle.

Étant données les conditions dans lesquelles il réalisait l'opération, le Conseil ne pouvait guère manquer de faire des bénéfices, mais la question se posa néanmoins de savoir s'il valait mieux affermer le service des tramways à une compagnie ou l'exploiter en régie.

Finalement les tramways du nord de la Tamise furent affermés et le Conseil décida d'exploiter lui-même ceux du Sud. La valeur du fonds social était à peu près la même : £ 850.000 pour le nord, £ 896.000 pour le Sud, mais le réseau du Nord était plus long d'environ 18 miles (1).

En 1900, les bénéfices du Nord s'élevaient à £ 39.000, ceux du Sud de £ 14.325. En 1902 ils furent au Nord de £ 39.000, tandis que ceux du Sud tombaient à £ 9.000 et en 1905-06 à £ 2.000. Ajoutons qu'à partir de 1903, la diminution est en partie imputable à l'introduction de la traction électrique (2).

----

(1) Le *mile* vaut *1760 yards* ou 1609ᵐ3 environ (*N. du T.*).

(2) Devant la Commission Parlementaire chargée d'examiner le Bill du County Council de Londres concernant le service des bateaux à vapeur sur la Tamise, le 13 mai 1902, M. H. E. Haward, contrôleur des finances de la ville, établit que le Conseil faisait sur les tramways du Sud un bénéfice net de £ 64.000 (*Times* du 14 juillet 1903.) Depuis lors on a établi qu'il y avait eu pour le réseau du Sud une perte de £ 2.250 pour l'exercice prenant fin en mars 1903.

	Réseau du Nord	Réseau du Sud
	Loyer	Bénéfices
1900.	£ 39.000	£ 51.774
1901.	40.151	14.325
1902.	37.450	9.062
Total	118.601	75.161
	75.161	
Balance à l'avantage du réseau loué . . . . . £	43.440	

La *Electrical Review* discute la question dans un article approfondi du 17 juillet et dit que « les chiffres justifient d'une manière décisive la thèse soutenue par Lord Avebury ».

Le *Statist* qui est, je n'ai pas besoin de le dire, un des meilleurs de nos journaux financiers, dans un excellent article sur les Tramways de Londres disait récemment :

« Depuis 1900 le Conseil annonce qu'il a fait sur les « tramways Sud qu'il exploite lui-même un bénéfice de « £ 23.900. Mais pendant ce même temps le réseau du « Nord loué à une compagnie a rapporté aux contri- « buables £ 191.600. Les contribuables, en exploitant « eux-mêmes les tramways-Sud, ont donc perdu au « moins £ 170.000.

Même si l'on reconnaît que la baisse constatée depuis 1903 est duë, en partie, à l'introduction de la traction électrique, il n'en est pas moins vrai que la grande masse des bénéfices provient des tramways que le Conseil n'exploite pas lui-même.

« De plus cette modeste somme de £ 23.900 accusée comme bénéfice d'une exploitation de 5 années ne supporte même pas l'examen.

D'après les prévisions du Conseil, on devait, pour bien faire, consacrer une somme de 1 d. par voiture et par mile au renouvellement du matériel. Néanmoins, lord Welby dans le budget de prévision du County Council de Londres pour 1906-07 déclare ceci : « Depuis trois ans déjà que l'on a installé la traction électrique, le surplus de l'exploitation n'a jamais été suffisant pour permettre de consacrer intégralement 1 d. par voiture et par mile au renouvellement du matériel qu'il faudra faire dans l'avenir ; il manque environ £ 45.000 pour porter la réserve à ce taux. » (1).

---

(1) London County, *Tramway Accounts*, 31 mars 1906, n° 968.

Je n'ai aucun moyen d'établir la part afférente aux tramways du Nord et aux tramways du Sud. Ils y sont probablement chacun pour la moitié ou à peu près ; mais cela suffit amplement à réduire à néant les bénéfices imaginaires que l'on a prétendu tirer de l'exploitation des tramways.

Ce n'est pas tout. En 1905, l'administration centrale du County Council de Londres, sans tenir compte des charges supplémentaires dues à l'application de la loi sur l'Education, a coûté £ 205.227. Il y a sept ans, quand le Conseil entreprit pour la première fois de s'occuper de tramways, elle coûtait seulement £ 136.718. Prenons l'année moyenne 1902-03. A cette époque la dépense était de £ 174.671. Cette année là, le secrétariat de l'admininistration du Conseil coûta £ 23.264. Les tramways n'y participent en rien et ils ne payeront pas un penny jusqu'en juillet 1906, époque où ils seront inscrits pour la somme dérisoire de £ 500. Personne pourtant ne peut nier que le secrétariat de l'administration doit avoir beaucoup à faire avec les tramways, surtout si l'on considère qu'il comprend la section parlementaire où s'élaborent les nombreux projets de loi du Conseil concernant ce service.

En 1902-1903, le service du Contentieux a coûté £ 15.513 ; les tramways contribuent à cette dépense pour £ 500. Le service du contrôle coûta £ 15.506 ; les tramways y comptent pour £ 300 (1).

Mais ce n'est pas tout encore. Dans son rapport pour 1904-05, l'inspecteur des comptes regrette, à bon droit,

---

(1) London County Council, Election 1907. *Fact and Arguments*. vol. I, page 22.

l'insuffisance du fonds de réserve pour amortissement du matériel, et la méthode qu'on a adoptée de mettre au compte des tramways un tiers seulement des frais d'élargissement des rues, ce qui fausse les résultats de l'exploitation. Malgré cela, depuis son rapport, on a découvert — et c'est maintenant chose avouée — que ce n'est pas un tiers du montant qu'on a mis au compte des tramways, mais, d'après le capitaine Swinton, un douzième seulement (1).

M. Schooling fait également ressortir que le taux d'intérêt des sommes employées aux tramways est compté à 2 1/2 %, alors que le Conseil lui-même paie 3 %. Il estime qu'à la fin de 1905, on aurait dû, de ce chef, débiter les tramways d'une somme de £ 65.000 (2).

Il est, dès lors, évident que tandis que les lignes affermées rapportent plus de £ 190.000 qui viennent soulager les charges des contribuables, celles qui sont exploitées par le Conseil ont donné de lourdes pertes, et je ne puis exprimer toute ma surprise de ce que la Commission des Tramways ait publié des comptes aussi trompeurs.

Si les conseillers opéraient avec leur argent, quel eut été le résultat d'une expérience chèrement achetée ? Ils auraient certainement abandonné l'exploitation du réseau Sud et l'auraient affermé à une compagnie. Au lieu de cela, ils ont pris le parti contraire ; ils ont mis fin au bail du réseau du Nord, et ils l'exploitent eux-mêmes !

-----

(1) Séance du County Council de Londres, 16 oct. 1906.
(2) London County Council Finance.

Éclairage (1).

J'arrive maintenant à la question de l'éclairage. Le type de fourniture en est tout spécial et très différent, par exemple, de celui des eaux. Tandis qu'en cette dernière matière, on ne peut s'attendre à de grands perfectionnements techniques, il n'en est pas de même pour la lumière. Nous avons vu les chandelles remplacées par le gaz, et le gaz à son tour supplanté, en grande partie, par la lumière électrique. On peut raisonnablement espérer que nous assisterons, en cette matière, à de nouvelles découvertes et de continuels perfectionnements. Si nos municipalités avaient été intéressées à la vente des chandelles ou des bougies, elles auraient opposé un obstacle considérable à l'introduction du gaz, et dans le même ordre d'idées, je crois, tout en reconnaissant la difficulté de la preuve, que l'existence d'entreprises municipales de gaz a mis un obstacle à l'introduction de la lumière électrique.

Les faits sont ici très suggestifs. Il faut se rappeler que la plupart des municipalités qui assurent elles-mêmes le service du gaz sont celles de grandes villes manufacturières à consommation de gaz élevée et situées dans les bassins houillers, tandis que les compagnies sont, au contraire, beaucoup moins favorablement placées. En réalité, les compagnies du gaz de Bristol, Bath, Liverpool, Newcastle et Sheffield sont les seules qui puissent être équitablement comparées

---

(1) Sir G. Livesey a eu l'amabilité de revoir les pages de ce chapitre.

à des cités comme Manchester, Birmingham et Nottingham.

Comparons un peu les prix aux 1.000 pieds cubes (1).

MUNICIPALITÉS :

Nottingham . .	2 s. 6 d.	
Bolton	2 s. 6 d.	
Manchester . . .	2 s. 4 d.	Toutes
Leicester	2 s. 4 d.	voisines
Carlisle	2 s. 3 d.	des
Oldham	2 s. à 2 s. 3 d.	bassins
Salford	1 s. 11 d. à 2 s. 3 d.	houillers.
Bradford	2 s. 1 d.	

COMPAGNIES DE GAZ :

Bristol	2 s.	Près
Bath	2 s. 1 d.	des bassins
Newcastle	1 s. 9 d.	houillers.
Sheffield	1 s. 4 1/2 d.	

Plymouth	1 s. 9 d.	Loin
Portsea	2 s. 4 d.	des bassins
Rochester	2 s. 9 d.	houillers.
Brighton	2 s. 10 d.	

En fait, les grandes cités industrielles situées dans ou près des bassins houillers ne peuvent être équitablement comparées aux compagnies de la capitale ou du Sud pour lesquelles le charbon est plus cher. Néanmoins on

---

(1) Ils sont tirés des *Field's Tables* et comprennent tous les prix que l'on connaisse en province.

peut faire remarquer, et cela en dit long en faveur de l'entreprise privée, que la *South Metropolitain Gas Company* fait payer le gaz 2 s., soit 4 d. de moins que la ville de Manchester, malgré la différence du prix du charbon. La *Commercial Gas Company* le vend 2 s. 5 d., et la *Gas Light and Coke Company* 2 s. 11 d., et pourtant elle ne fait pas payer de frais de compteurs et le gaz livré a un pouvoir éclairant très élevé.

Si la *South Metropolitain Gas Company* faisait payer le même prix que la municipalité de Manchester, ses abonnés auraient à payer £ 208.000 par an de plus qu'à présent. Si, au contraire, la municipalité de Manchester mettait le gaz au même prix que la South Metropolitain Gas Company, ses abonnés paieraient £ 79.000 par an de moins. Le soi-disant bénéfice de £ 66.000 par an se trouverait alors transformé en un déficit de £ 13.000.

Les « bénéfices » déclarés par les villes sont les suivants :

Manchester. £	66.000	Carlisle... £	1.400
Nottingham..	24.000	Oldham.....	5.130
Bolton.......	21.000	Salford	26.000
Leicester.....	22.000	Bradford....	2.300

Nous y ajouterons :

Birmingham £	23.000	Burnley... £	11.000
Chester......	13.000	Lancaster ...	26.000
Stockport....	10.000	Wigan......	12.000
Blackpool....	10.000		

Laissant de côté les villes qui ne font que des béné-

fices insignifiants, nous voyons que 12 grandes cités
industrielles, voisines des bassins houillers, font plus
de £ 260.000 de bénéfices sur les £ 307.000 qui forment, selon les calculs de M. Row Fogo, la balance
totale des bénéfices, d'après les chiffres du rapport de
sir H. Fowler. Cela ne laisse pas beaucoup de marge
aux 160 autres municipalités propriétaires d'usines à
gaz. Mais si les villes de Manchester, Nottingham et
Bolton mettaient le gaz au même prix que les
compagnies de Newcastle, Bristol ou Sheffield, où
seraient leurs bénéfices ? Ceux-ci résultent uniquement d'une majoration de prix imposée aux contribuables.

Les chiffres montrent clairement que, dans les loca-
lités desservies par des compagnies, le gaz est notable-
ment meilleur marché que là où il est aux mains de la
municipalité.

Autant que je puis en juger, Nottingham et Sheffield fournissent un excellent exemple de comparaison.
A Nottingham, le service est fait par la municipalité ;
à Sheffield, par une compagnie. Il y a 15 ans, le prix
était le même dans les deux villes : à Nottingham, il a
augmenté, à Sheffield il a diminué, si bien qu'il est
maintenant à Nottingham de 2 s. 6 d. en moyenne par
1.000 pieds cubes et à Sheffield de 1 s. 4 1/2 d. seulement ! Sir G. Livesey a aussi appelé mon attention sur
le cas de Manchester et de Salford. Bien qu'elles ne
forment en réalité qu'une seule ville, Manchester paie
le gaz 2 s. 4 d. les 1.000 pieds, et Salford 3 d. de
moins.

Cependant, le problème n'est pas toujours aussi
simple qu'on pourrait le croire. Le prix du gaz n'entre

pas toujours seul en ligne de compte. Le pouvoir éclairant n'est pas toujours le même. A Manchester, par exemple, d'après sir George Livesey, il est de 19 bougies et à Liverpool de 20 bougies, et toujours d'après mon correspondant, si l'on faisait des essais plus précis, la différence ne serait pas d'une bougie mais d'à peu près trois.

En outre, la plupart des compagnies sont soumises à des réglementations et à des amendes, tandis qu'au contraire, sur plus de 200 municipalités, très peu sont astreintes à quelque clause de ce genre et partout elles s'arrangent pour y échapper.

Là où le gaz est fourni par des compagnies, les municipalités veillent jalousement — je ne dis pas trop jalousement — sur la qualité, tandis que nous sommes privés de cette garantie, là où le gaz est municipal.

Dans le rapport de sir Henri Fowler, les bénéfices des usines à gaz municipales sont évalués à £ 395.000, et le bénéfice net de l'ensemble des exploitations municipales à £ 378.000 ; il y aurait donc là déjà une perte avouée de £ 17.000, mais de toute façon le profit (si on peut l'appeler ainsi), mis au compte du gaz, est beaucoup trop élevé.

M. Row Fogo a soigneusement analysé les comptes fournis et a clairement démontré que, toute autre considération mise de côté, une part considérable des profits accusés était purement imaginaire. On accuse par exemple dans les bénéfices « Réserves et fonds d'amortissement » pour dépenses autres que le remboursement des emprunts, £ 55.816 ; Renouvellement et augmentation du matériel, £ 7.640 ; Dépréciation, £ 11.152 ; Impôt sur le revenu, réparations, etc., £ 2.494.

N'est-ce pas d'un étrange état d'esprit que de compter la dépréciation du matériel et l'impôt sur le revenu comme des bénéfices ! Le tableau suivant, dressé à l'aide des chiffres fournis par la Société Municipale de Londres (1) montre combien l'éclairage des rues coûte plus cher quand il est fait par les municipalités.

	USINES MUNICIPALES				COMPAGNIES		
LOCALITÉS	LONGUEUR du réseau	COUT de l'éclairage public	COUT par mile	LOCALITÉS	LONGUEUR du réseau	COUT de l'éclairage public	COUT par mile
		£	£			£	£
Islington	124	32.170	259	Paddington ...	59 1/2	10.472	176
Hackney......	104	16.215	156	Bethnal Green.	40	4.797	120
Poplar	65 1/2	12.702	192	Wandsworth..	176	17.681	100
Southwark ..	65	11.398	175	Lambeth......	148 1/2	13.573	91
Hampstead. ..	57	11.658	204	Camberwell...	130 1/2	11.752	90
St-Marylebone	60	11.924	198	Lewisham	108	7.809	72
Fulham	56	10.858	194	Deptford.	52	3.847	74
Hammersmith.	55	8.374	152	Greenwich....	58	4.616	79

Sir Courtenay Boyle, alors secrétaire du Board of Trade, après avoir soigneusement comparé les prix des municipalités et ceux des compagnies, dans sa déposition devant le comité mixte des deux Chambres sur les entreprises municipales, reconnaît ceci :

« En somme, les rapports ne montrent pas qu'en « toutes circonstances, il y ait un grand avantage pour « le consommateur, quant aux prix, à ce que le ser-

----

(1) London County Council, Election 1907, *Facts and Arguments*, vol. I, p. 35.

« vice soit fait par les municipalités plutôt que par des
« compagnies » (1).

Le système de l'échelle mobile qui a été adopté à
Londres et dans plusieurs autres villes semble plus
favorable aux contribuables que celui de la régie municipale.

Dans ce système, on a adopté une échelle mobile des
prix et des dividendes, d'après laquelle, à partir d'un
certain taux des prix et des dividendes, les compagnies
sont autorisées à ajouter un quart pour cent à leur dividende chaque fois qu'elles diminuent d'un penny par
1.000 pieds cubes le prix du gaz. Ainsi tout profit supplémentaire se trouve réparti le cas échéant entre les
compagnies et les consommateurs. Pour ce qui est du
capital, les compagnies qui demandent au Parlement
l'autorisation de contracter un emprunt sont tenues de
mettre aux enchères tout le capital nouveau dont elles
ont besoin, de telle façon que la prime sur les actions
aille au matériel et aux réserves de la compagnie et
non dans la poche des actionnaires. Ce système ne
donne pas seulement au consommateur une part dans
l'accroissement des bénéfices ; mais encore il incite les
compagnies à faire des économies. Il a été adopté à
Londres et dans plusieurs autres villes.

Service des Eaux.

Le service des eaux est peut-être celui qui se prête le
plus à la municipalisation. L'eau est une nécessité pour

---

(1) Rapport du Joint Select Committee on Municipal Trading, 1900.

toute agglomération, et l'unique problème qui se pose est celui des conditions de fourniture les meilleures. Je me permets de faire remarquer que chaque cas doit être examiné spécialement et je reconnais parfaitement que, dans quelques-uns, la gestion du service par la municipalité est désirable. Pourtant, lorsque l'eau fournie par les compagnies est pure et bon marché, il est assurément sage de les laisser faire.

Que demande une ville en matière de service des eaux ? C'est d'abord qu'elles soient livrées aussi pures que possible, et ensuite au prix le plus bas possible compatible avec leur pureté.

Dans le cas de Londres, ceux qui demandèrent et obtinrent le rachat des compagnies mirent en avant trois arguments principaux :

1° Dans les mains d'un corps élu, le service serait mieux assuré et l'eau plus pure ;

2° La fusion des huit compagnies des eaux amènerait une grande économie ;

3° Le rachat des compagnies des eaux fournirait un bon placement.

La pureté est un facteur important pour lequel le rachat est nettement désavantageux, car elle dépend en beaucoup de cas du filtrage, qui exige un soin et une surveillance constants.

Autrefois, à Londres, elle était contrôlée d'abord par les employés des compagnies et ensuite par les fonctionnaires du County Council. Nous avions ainsi une double garantie. Maintenant que les compagnies n'existent plus, la responsabilité reste au Bureau des Eaux de Londres (London Water Board) et *quis custodiet ipsos custodes ?* Je prétends que les garanties de pureté de l'eau ont été nettement affaiblies.

Pour le second point, on a indiqué aux contribuables que le rachat serait « un moyen d'avoir, dès le début, un service d'eau plus abondant et moins cher, tandis que le public, au lieu de payer 10 % et plus à perpétuité aux compagnies, amortirait le capital primitif en 50 ou 60 ans ».

En fait, si le capital sur lequel on paye 10 % avait été racheté à sa valeur nominale, c'eut été une très bonne affaire. Mais chacun sait que nous avons dû verser aux actionnaires des sommes telles qu'elles leur donnassent le même revenu que leurs titres ; parler de 10 % est donc commettre une forte erreur.

La Commission de lord Landaff est connue pour avoir été favorable au principe du rachat. Or, son rapport constitue un très curieux document ; sa conclusion est que, même sans parler du « service plus abondant » ou « des prix plus bas » promis, le résultat du rachat serait un « déficit pour le budget », déficit qu'on ne pourrait combler qu'en augmentant le prix de l'eau ou en imposant les contribuables ».

C'est ce que j'ai moi-même soutenu, et c'est pourquoi je me suis toujours opposé au rachat. Je ne vois pas, pour ma part, pourquoi nous devons entrer dans une voie qui nous conduira soit à augmenter les taxes, soit à payer l'eau plus cher. Si l'on peut tout discuter hypothétiquement pour l'avenir, il y a lieu de ne pas négliger non plus les enseignements réels du passé. Reportons-nous donc un peu en arrière. En 1879, M. Smith fut chargé de négocier avec les compagnies des eaux et l'on était convenu d'un prix. Je m'opposai au rachat alors comme aujourd'hui. Finalement, il fut rejeté, et quel a été le résultat? La Commission des Eaux du County Council de Londres, en 1891, établit des calculs serrés, et le rapport signé par feu lord Farrer s'exprime ainsi :

« L'ensemble des annuités de M. Smith aux actionnaires aurait été, de 1880 à 1890, de £ 9.555.719, tandis que les profits actuels réalisés par les mêmes actionnaires pendant la même période ont été de £ 8.498.180. Si donc le rachat avait été fait, il en serait résulté pour les contribuables une perte de £ 1.057.539 ».

En outre, comme le montrent les rapports au Parlement, les consommateurs occupant, à Londres, de petits logements, payent moins cher que dans les grandes villes où le service est municipal. Par exemple :

| | Valeur imposable | | |
	£ 10	£ 20	£ 30
	£ s. d.	£ s. d.	£ s. d.
Manchester ...	0.11. 0	1. 1. 0	1.11. 0
Liverpool.....	0.13. 6	1. 5.11	1.17. 2
Birmingham..	0.10. 0	1.10. 0	2.10. 0
London	0. 9. 9	0.19. 7	1 9. 8

Les avocats du rachat me paraissent avoir oublié deux facteurs très importants. En premier lieu, le dividende de 10 % s'appliquait seulement à une petite partie du capital investi (1) et l'intérêt des dettes était bien moindre. En outre, pour les actions ordinaires, tout surplus au-dessus de 10 % devait être employé à

---

(1) On pourrait peut-être ajouter qu'il y avait quelques doutes sur la légalité de la situation de la New River Company.

réduire le prix de l'eau. S'il est vrai qu'on pouvait prélever jusqu'à 10 % de dividende, quatre de ces compagnies distribuaient déjà ce dividende maximum au moment du rachat et trois autres étaient tout près d'y arriver. Peut-être le meilleur moyen d'examiner le cas est-il de prendre pour exemple une compagnie en particulier. Examinons la West Middlesex Company. Elle payait son dividende maximum. Les actionnaires n'avaient droit à rien de plus. Si les bénéfices augmentaient, le conseil d'administration était tenu de diminuer le prix de l'eau. Et en vérité, il l'avait déjà fait dans une certaine mesure. En réalité, les soi-disant actionnaires n'avaient donc que des actions de préférence et les contribuables, par contre, possédaient le droit de propriété réel sur la compagnie puisque tout le profit supplémentaire leur revenait désormais. Les actionnaires avaient une responsabilité dont le rachat les a dégagés ; ils étaient, en effet, dans l'obligation de fournir l'eau, et s'il fallait desservir un nouveau quartier, la dépense leur en incombait. Aujourd'hui, elle retombe sur les contribuables. Quels avantages ceux-ci ont-ils retirés du rachat puisque tout le profit supplémentaire était pour eux, tandis que le déficit retombait sur les actionnaires ? Ce que nous avons donc acheté, en réalité, ce sont uniquement les chances de perte.

De préférence à la politique du « rachat » je me risquais à prêcher celle du « contrôle » en combinant l'expérience de la commission des chemins de fer et l'exemple des chemins de fer indiens où le public, comme dans le cas de nos compagnies des Eaux, a des intérêts considérables, quoique éventuels.

Le Conseil des Eaux de Londres est en exercice depuis
quelque temps déjà ; mais pas encore assez, à mon
avis, pour nous permettre de juger les résultats de sa
gestion. C'est une puissante administration qui a eu la
main heureuse en prenant pour président un homme
très capable, Sir Melvill Beachroft. D'ailleurs l'eau est
la même qu'auparavant ; il n'y a eu aucune réduction
de prix, et deux quartiers au contraire ont été privés
des réductions dont ils jouissaient auparavant. Personne
ne peut donc dire quel avantage Londres a tiré du
rachat des compagnies, tandis qu'au contraire sur huit
districts, deux paient déjà plus cher.

Le rapport de Sir M. H. Fowler.

Le rapport bien connu de Sir H. Fowler (1), où sont
exposés les résultats financiers des entreprises municipales, est un document très intéressant, mais dont il
faut beaucoup se défier. Il accuse un bénéfice de
₤ 378.000 sur un capital de ₤ 100.000.000, revenu
déjà minime du reste pour un placement de cette
importance. Dans ces chiffres n'est pas comprise la perte
qu'a faite Manchester sur le canal maritime (Ship Canal).
En outre, comme les soi-disant bénéfices sur le gaz
figurent pour ₤ 395.000, il est évident que les autres
services se soldent par un déficit de ₤ 17.000. Notons
qu'en matière du gaz, les municipalités ont un monopole et sont par conséquent maîtresses des tarifs. Elles
prennent ce qu'il leur plait dans la poche des contri-

____

(1) 1902, n° 398.

buables et c'est ainsi qu'elles constituent leurs bénéfices.

Les comptes, après un examen minutieux, nécessite-raient quelques additions et encore beaucoup plus de réductions. Tandis que la perte sur les bains publics, £ 125.000, et sur les cimetières pourrait en bonne justice être négligée, les loyers des tramways affermés à des sociétés devraient, par contre, être déduits du chiffre des bénéfices des entreprises municipales. Quoi qu'il en soit, avec cette réserve qu'un examen consciencieux comme celui fait pour le gaz par M. Row Fogo (1) démontrerait aisément la nécessité de certaines réductions, le bilan s'établirait comme suit :

Balance favorable indiquée dans le rapport.　£ 378.281

A ajouter :

Pertes inscrites au compte des Bains publics　　124.952
　　　—　　　　　—　　　Cimetières. .　　63.784

　　　　　　　　　　　　　　　　　£ 567.017

A déduire :

Fonds d'amortissement du gaz . £ 55.816
Renouvellement et augmentation
　du matériel . . . .　7.640
Dépréciation . . . .　11.151
Impôt sur le revenu, etc. . . . .　2.491

　　　　　　　　　　　　　77.099

Revenu des lignes de tramways
　affermés . . . .　16.240　　93.339

　　　　　　Reste. . . . .　　£ 473.678

sur un capital de £ 100.000.000, soit moins de 1/2 %.

___

(1) *Economical Journal* 1901.

Assurément personne ne peut sérieusement soutenir qu'il valait la peine de courir de tels risques et d'imposer aux municipalités de si lourdes charges pour un aussi piètre résultat. Mais ce n'est pas tout. Nous ne savons pas quelles sommes ont été inscrites pour dépréciation, administration, contentieux, etc.

Pour les aventureuses entreprises électriques, immobilisant un capital de plus de £ 12.500.000, la somme inscrite au compte dépréciation est seulement de £ 19.500. Au service des eaux, pour un capital de £ 57.000.000, on a porté seulement £ 27.000. Au gaz, pour un capital de £ 24.000.000, £ 80.000 seulement. Aux tramways, pour £ 9.750.000, £ 50.000. Aux quais et ports sur £ 5.400.000, £ 4.500. Aux marchés, sur £ 6.180.000, £ 500 ; aux Bains et Douches, sur £ 2.000.000 rien du tout ; et pour les habitations ouvrières, sur £ 1.253.000, aucune somme non plus. Il est donc évident que si l'on avait affecté à ces divers chapitres les sommes convenables, le soi-disant profit se serait changé en un gros déficit.

Il est quelquefois admis qu'il n'est pas nécessaire d'inscrire de fortes sommes pour la dépréciation, par suite de l'existence du fonds d'amortissement ; mais, il ne faut pas oublier que la Municipalité ne peut obtenir, grâce au fonds d'amortissement, la propriété des entreprises libre de toutes charges, que s'il a été porté chaque année, au compte dépréciation, des sommes suffisantes.

Ce n'est pas tout encore : Des sommes de plus en plus considérables ont dû être imputées, par exemple, aux frais de bureaux et d'administration centrale. Pour Londres, le County Council est bien obligé de l'avouer, et, cela ressort avec autant d'évidence, pour les autres villes.

Si la ville de Glasgow se vante de faire un large bénéfice sur ses tramways, nous citerons la ville de Boston (Etats-Unis) qui, avec une population moindre, reçoit une somme supérieure des siens qu'elle n'exploite pas elle-même.

D'autre part, comparons par exemple, Glasgow et Dublin. La population de Gasgow est de 750.000 habitants ; celle de Dublin de 353.000 seulement. Mais comme le dit M. Dixon Davies (1) :

« L'Irlande a cette chance de n'être pas soumise à la
« loi des tramways de 1870, qui oblige toutes les
« compagnies d'Angleterre et d'Ecosse à amortir en
« 21 ans. A Dublin, la compagnie paie environ
« £ 20.000 à la municipalité pour son droit de circula-
« tion. Glasgow, qui est trois fois plus peuplée et au
« moins dix fois plus riche, avait en 1901 seulement
« 44 1/2 miles de tramways contre 52 miles à Dublin ;
« or, cette même année, les tramways de Glasgow ont
« versé à la municipalité £ 12.500 seulement. Le prix
« des places est, à Glasgow, de 1/2 d. par demi-mile, à
« Dublin de 1 d. pour 2 miles. Pour les salaires et les
« conditions du travail, la comparaison est nettement
« favorable à Dublin. Mais, ce n'est pas encore là le
« plus grand avantage. Les tramways électriques et le
« système des places à bon marché y ont été installés
« dès 1896. A Glasgow, il n'y a pas eu de tramways
« électriques avant 1901. »

----

(1) The Cost of Municipal Trading. *Journ. Society of Arts*, 1903, p. 200.

Le County Council de Londres, jusqu'en 1900, a reçu £ 191.185 des tramways au nord de la Tamise. Nous verrons si les contribuables en tireront autant d'argent maintenant que le Conseil va les exploiter.

Je demande si un homme d'affaires peut douter un instant que si nos municipalités louaient leurs usines à gaz, leurs tramways, leurs entreprises d'éclairage électrique, cela sans aucune augmentation de prix, ce ne soit une bonne affaire pour les contribuables et qui aurait pour conséquence une notable réduction d'impôts.

Il paraît que l'on admet souvent qu'une ville fait une bonne affaire en empruntant de l'argent à 3 1/4 % pour acheter au pair des actions qui rapportent 5 %. Mais pourquoi le public prend-il au pair à 3 1/2 % les titres des municipalités et les actions industrielles à 5 % seulement ? C'est évidemment parce que le risque est plus grand et, par conséquent, que les municipalités fassent ou non des. bénéfices, il ressort clairement qu'elles s'exposent imprudemment à des risques et des aléas.

On dit souvent aussi qu'il est nécessaire de prévoir la rémunération des administrateurs tandis que les conseillers travaillent pour rien ; mais comme le. dit le major Darwin (1) :

« La plupart des hommes d'affaires conviendront, je crois, qu'une administration gratuite, n'est ni économique ni efficace dans les entreprises industrielles. »

______

(1) *Municipal Trade.*

CHAPITRE VII

LES EFFETS DE LA MUNICIPALISATION
SUR L'INDUSTRIE PRIVÉE

Dans le chapitre précédent, j'ai essayé de montrer que les prétendus bénéfices des entreprises municipales sont imaginaires et que, en réalité, les villes ont eu à subir des pertes sérieuses. Mais la municipalisation de certaines industries a, en outre, contribué à paralyser l'industrie privée, en infligeant de lourdes pertes au pays ; c'est sur ces points que je vais insister maintenant, me limitant, en cela, aux quatre exemples suivants :

1° Les Tramways ;
2° Les Téléphones ;
3° L'Éclairage électrique ;
4° L'Énergie électrique.

Je ferai de nombreux emprunts à l'excellent ouvrage que M. Meyer, ancien professeur d'économie politique à l'Université de Chicago, a publié récemment à ce sujet (1) et que devraient lire tous ceux que la question intéresse.

---

(1) *Municipal Ownership in Great Britain*, par H.-R. Meyer.

Tramways.

Les tramways ne sont pas seulement utiles aux citadins, ils nous rendent encore le grand service de décongestionner les quartiers du centre, de transporter les ouvriers dans la périphérie où ils peuvent se loger mieux, à meilleur marché et dans de meilleures conditions hygiéniques.

Dans le rapport de la Commission royale d'enquête sur les moyens de locomotion et de transport à Londres, on lit que le prix du terrain « à quelques miles de Londres, est encore assez bas » pour permettre de bâtir des maisons pour les ouvriers, et le loyer de ces maisons « est à des prix abordables pour les locataires, à condition, toutefois, que ceux-ci puissent aller à Londres et en revenir rapidement et à bon marché ». Les commissaires ajoutent que « un grand nombre d'ouvriers des quartiers excentriques de Londres n'ont pas besoin de vivre auprès de leur travail » et « que partout où l'on a installé des moyens de locomotion commodes, la population a trouvé avantageux d'habiter hors de Londres ».

En 1900, l'Alderman Southern, qui fut pendant 22 ans membre du Conseil municipal de Manchester, fit la déposition suivante devant la Commission parlementaire d'enquête sur les industries municipales :

« Nous avons certes, hors de la ville, quantité de
« terrains à bâtir. Si les ouvriers pouvaient aller à leur
« travail et en revenir rapidement et à bon marché, il
« n'est pas douteux qu'une grande partie de la popula-

« tion entassée dans les quartiers du centre se transpor-
« terait à l'extérieur. Il suffit simplement, pour cela,
« de créer des moyens de transports faciles et rapides
« vers la banlieue (1). »

Les obstacles que l'on suscite à l'initiative privée en matière de tramways sont, à ce point de vue, tout particulièrement à déplorer.

D'autre part :

« Au Conseil municipal de Glasgow, dit le profes-
« seur Meyer, on a déclaré, à plusieurs reprises, que
« la ville ne devait pas prolonger ses tramways jusque
« dans la banlieue, car cela entraînerait les gens et
« aussi les industries à s'installer hors de la ville, et
« le rendement des taxes municipales s'en trouverait
« diminué d'autant » (2).

La première tentative faite par les municipalités pour obtenir l'autorisation de construire des tramways date de 1858. Elle fut, il est vrai, repoussée sur la demande de sir Benjamin Hall, alors commissaire général des Travaux publics. En 1860, M. George-Francis Train, avec le consentement des autorités locales, mais sans l'autorisation du Parlement, construisit un tramway à Birkenhead et, plus tard, en un ou deux autres endroits. En 1861, 1865 et 1868, le Parlement repoussa encore diverses propositions de tramways métropolitains. Toutefois, en 1869, trois bills furent votés autorisant la construction de 41 miles de tramways métropolitains, principalement dans la banlieue.

------

(1) *Report from. Joint Select Committee on Municipal Trading,* 1900.

(2) *Municipal Ownership in Great Britain,* par H.-R. Meyer.

En 1870, M. Shaw-Lefevre (aujourd'hui lord Eversley) fit passer le Tramway Act (Loi des Tramways) que M. Vesey Knox a appelé « la plus désastreuse expérience législative qu'ait faite l'Angleterre depuis 50 ans » (1).

. Ceci, par malheur, est vrai à un double point de vue.

D'abord les autorités locales reçurent le droit d'acquérir tramways, terrains, bâtiments, etc..., pour une durée de 21 ans, « à condition de les payer à leur valeur actuelle, sans aucune indemnité à raison des bénéfices passés ou futurs de l'entreprise, sans compensation pour expropriation ou pour toute autre considération, quelle qu'elle soit » (2).

Feu M. John Morris, de la Maison Ashurst Morris et Cie, homme de grande expérience en matière de tramways, démontra à la Commission parlementaire que cette période de 21 ans était trop courte, surtout si l'on tenait compte des conditions de l'achat. Mais l'on ne s'arrêta pas à ses objections, et finalement les capitaux anglais s'en allèrent construire des tramways à l'étranger où les municipalités étaient plus prévoyantes.

Sans doute, sans l'interprétation que les tribunaux ont donnée de la clause de rachat, interprétation qui a été pour les actionnaires et obligataires une ruineuse surprise, aucun tramway n'aurait été construit. Mais, même avec cette interprétation, 390 miles de tramways seulement furent construits en 10 ans, et en 1890,

____

(1) *The Economic Effect of the Tramways Act of*, 1870. — *Economic Journal*, 1901.

(2) 33 et 34, et V. c. 78, p. 43.

les entreprises privées cessaient en fait toute construction.

La seconde raison de l'action désastreuse du Tramway Act de 1870, fut le droit de veto conféré aux municipalités. La loi de 1870 exigeait le consentement de l'autorité locale à l'établissement de tout tramway par une compagnie, parce que la Municipalité, pensait-on, pouvait désirer construire le tramway elle-même. Le Gouvernement ne songeait pas à mettre les autorités à même de monnayer cette autorisation. En fait, cependant, les autorités locales ont rarement donné leur consentement pur et simple à une autorisation de ce genre. Elles en ont fait presque constamment une occasion de marchandage et de profit.

Cette clause est parfaitement déraisonnable.

Ainsi entre Leeds et Bradford, il y a un espace d'environ 2 miles qui n'appartient à aucune des deux municipalités, et une telle clause qui permet à la municipalité intermédiaire d'empêcher la construction d'une ligne entre Bradfort et Leeds est évidemment absurde.

En 1902, M. John Burns, à la fois membre de la Chambre des Communes et du County Council de Londres, aujourd'hui président du Local Government Board, fit la déclaration suivante :

« Dans l'espace de trois sessions parlementaires,
« 38 propositions d'extension ou d'amélioration des
« tramways faites par le County Council de Londres,
« ont été arrêtées par les Conseils d'arrondissement.
« Dans presque tous les cas, le droit de veto, à mon
« avis, a été mal exercé. Quelques-uns de ces vetos
« ont été déraisonnables ; d'autres furent le résultat
« de parti-pris politiques, et certains ressemblaient

« beaucoup à une sorte de chantage pour faire pression
« sur le Conseil et obtenir de lui, en échange du
« tramway demandé, des embellissements pour le
« quartier. Les Borough Councils n'en sont pas entiè-
« rement responsables... Mais cette situation est grave,
« et l'on ne pourra la faire cesser qu'en établissant
« des relations plus franches et plus cordiales entre
« le Conseil de Comté et les Conseils de quartiers
« (Borough Councils) (1).

Où en serait notre réseau de tramways s'il avait
fallu obtenir le consentement de chacune des autorités
locales sur le territoire desquelles passent les lignes?

Feu lord Morley, président des Commissions à la
Chambre des Lords, exprime avec force son sentiment
à ce sujet. Dans un discours de 1901, il donne des
exemples frappants de la manière dont les autorités
locales vendaient leur consentement quand elles ne le
refusaient pas entièrement.

« Ceci, dit-il, s'est passé à Londres, l'année dernière :

« Une compagnie de tramways obtint l'autorisa-
« tion de l'une des municipalités de Londres sur le
« territoire de laquelle devait passer la ligne à cons-
« truire. Aussitôt elle demanda l'approbation du
« County Council, mais celui-ci n'avait que peu d'in-
« térêt à l'affaire, et ne s'y intéressait même qu'en tant
« que propriétaire d'un tramway concurrent dans une
« autre partie de Londres. Il refusa donc son consen-
« tement. »

Et l'orateur conclut ainsi :

« Il n'est ni utile, ni conforme à l'intérêt public, de

____

(1) *Hansard's Parlementary Debates*, 15 mai 1902, p. 457.

« donner aux autorités locales un tel pouvoir d'im-
« poser des conditions qui peuvent être très onéreuses
« pour une branche importante d'industrie nationale ;
« il n'est pas convenable non plus d'encourager les
« promoteurs de ces entreprises à « corrompre » les
« autorités locales. Quand je dis « corrompre », je
« n'entends pas parler d'offres individuelles d'argent,
« je veux dire corrompre par l'offre de certains avan-
« tages en échange de l'autorisation municipale » (1).

En mai 1902, M. Chaplin, alors Président du Local
Government Board, proposa un amendement donnant
aux « Private Bill Committees » pouvoir d'examiner si
le consentement de l'autorité locale a été refusé sans
raison valable, et de faire, dans ce cas, un rapport au
Parlement. Il exposa que l'amélioration des moyens de
locomotion était absolument essentielle à la mise à
exécution de la loi sur les habitations ouvrières de
1900.

« Personne au monde ne peut nier que l'extension
« du réseau des tramways est de la plus grande im-
« portance pour résoudre le grand problème des habi-
« tations ouvrières. Or, cette extension, dans l'état
« actuel des choses, est empêchée, entravée à un point
« que peu de gens soupçonnent, et tenue en arrêt à la
« fois par les clauses du Standing Order et par l'action
« qu'exercent en son nom certaines municipalités.

« Les conditions que les autorités locales mettent à
« leur consentement sont regardées par les promo-
« teurs, et souvent, sans doute, à juste titre, comme ni
« plus ni moins qu'un chantage. Je pourrais, par de

____

(1) *Hansard's Parlementary Debates*, 11 juillet 1901.

« nombreux exemples, montrer l'extension qu'a prise
« cet abus. Il a été le sujet de graves plaintes ; je puis
« bien dire que nul n'y est plus sensible que le Prési-
« dent des Commissions à la fois dans cette Assemblée
« et à la Chambre des Lords, et je ne pense pas m'écarter
« beaucoup de la vérité en affirmant qu'en plusieurs
« occasions, cette manière de faire a provoqué de véri-
« tables scandales (1). »

Sir Albert K. Rollit, au nom de l'Association des
Municipalités (2), combattit l'amendement. Pour soutenir sa thèse, il insista sur les dépenses considérables
où seraient engagées les municipalités par suite des
innombrables demandes de concessions qui suivraient
la suppression du droit de veto des autorités locales.

M. Chaplin fut soutenu par M. Lowther, alors Président des Commissions, aujourd'hui Président de la
Chambre des Communes, mais l'Association des Municipalités était trop forte, et il dut retirer son amendement.

Les dernières étapes dans le développement des tramways ont été l'emploi de la vapeur, et plus tard, de
l'électricité. Là aussi, comme le montre M. Meyer, le
progrès fut entravé et retardé par l'influence des municipalités.

« Au début de 1877, la Compagnie des Tramways
« d'Edimbourg fit quelques expériences de traction à
« vapeur. Le général Hutchinson, inspecteur du Board
« of Trade, assista aux expériences et trouva que les

---

(1) *Hansard's Parlementary Debates*, 15 mai 1902.

(2) Cette association, en 1905, comprenait les membres de 296
municipalités. (Voir *Municipal Ownership in Great Britain*, par
H. R. Meyer, pages 50 et 51.)

« tramways à vapeur étaient parfaitement exploitables
« et qu'ils présentaient autant de sécurité pour les
« voyageurs que les tramways à chevaux. Les mem-
« bres du Conseil municipal d'Edimbourg refusèrent
« d'assister aux expériences et d'y envoyer l'ingénieur
« municipal. Un peu plus tard, la ville d'Edimbourg
« envoya son lord-prévôt, sir James Falshaw, à Lon-
« dres, pour déclarer devant le Parlement que l'expé-
« rience des tramways à vapeur faite à Edimbourg
« n'avait pas réussi (1). »

En 1877, il y avait des demandes d'autorisation
venant de Birkenhead, Dublin, Edimbourg, Glasgow,
Galway, Ipswich, Leeds, Leicester, Londres, Bristol,
Densbury, Nottinghamshire, Sheffield, Swansev et
Wolverhampton. M. Raikes, Président des Commissions de la Chambre des Communes, proposa la nomination d'une Commission « pour examiner dans quelle
mesure, et selon quelles règles, l'emploi de la vapeur
et de toute autre force mécanique pouvait être autorisé
pour les tramways et sur le parcours des voies
publiques. »

La Commission fut nommée, et elle fit, après expérience, un rapport favorable.

Le 11 mai 1877, le Gouvernement déposa un projet
de loi conforme au rapport de la Commission, mais
l'opposition des municipalités fut telle que le Gouvernement dût le retirer le 28 juin (2).

Une opposition semblable des municipalités reparut

---

(1) *Municipal Ownership in Great Britain*, par H. R. Meyer.

(2) *Hansard's Parlementary Debates*, 27 février, 23 avril,
11 mai et 28 juin 1877 et 5 février 1878.

dans la suite lorsqu'il s'agit de l'électricité. Elle a exercé sur notre industrie une action paralysante, et l'on peut s'en rendre compte par ce fait mentionné par le major Darwin (1) : qu'en 1900 les Etats-Unis avaient 15.000 miles de tramways électriques tandis que la Grande-Bretagne, en 1899, n'en avait que 210.

L'opposition persistante des municipalités à l'entreprise privée apparaît avec évidence dans cet exemple mentionné par M. Meyer :

« La funeste loi des tramways de 1870 ne s'étend
« pas à l'Irlande. En 1894, M. Murphy proposa à la
« ville de Dublin d'adapter à ses tramways la traction
« électrique. Il demandait en échange un privilège
« d'exploitation pour 42 ans, à dater de 1894 ; la cité
« aurait le droit de racheter l'entreprise au bout de
« cette période, au cours du jour, plus une prime de
« 33 %. En outre, M. Murphy offrait de payer un droit
« annuel de circulation qui s'élève aujourd'hui à
« 70.000 s. par mile de ligne. Aussitôt que les partisans
« de la municipalisation en Angleterre et en Écosse
« connurent cette proposition, ils envoyèrent leurs
« agents à Dublin pour travailler l'opinion publique
« et l'exciter contre ce projet ; ils parvinrent ainsi à
« empêcher M. Murphy d'obtenir l'approbation de la
« ville avant les derniers mois de 1895.

« En 1896, la traction électrique était mise en ser-
« vice à Dublin (2). »

M. Cunningham, Directeur général du Central

---

(1) *Municipal Trade.* Je ne donne pas les chiffres de 1900 pour la Grande-Bretagne, je n'ai pu les obtenir.

(2) *Report from the Joint Select Committee on Municipal Tra ding,* 1900.

Railway de Londres, a exprimé l'opinion suivante que je crois juste :

« Rien n'a peut-être plus contribué à empêcher de
« diminuer l'entassement de la population dans les
« villes que la Loi des Tramways de 1870. En limitant
« strictement la durée des concessions à 21 années et
« en fixant, en fait, le prix auquel les municipalités
« pouvaient racheter les entreprises à une somme
« inférieure à leur valeur, elle a réellement entravé le
« développement des réseaux électriques. »

La loi de 1870, en effet, a été interprétée de telle manière que la construction des tramways en Grande-Bretagne s'est peu à peu arrêtée, et « en 1890, dans le
« Royaume-Uni, la période de construction des
« tramways s'arrêta net. Dans les cinq années qui
« finissent en 1895, on mit en circulation dans le
« Royaume-Uni 34 miles seulement de tramways
« urbains de toutes sortes, à chevaux, à câbles ou
« électriques (1). »

« Tandis qu'en 1870, les municipalités mettaient
« leur zèle à demander au Parlement la promulgation
« d'une loi destinée à paralyser en fait la construction
« des tramways par l'entreprise privée, dans les années
« qui suivirent 1870, elles ne firent rien elles-mêmes
« pour remplir le vide créé par l'arrêt de l'industrie
« privée.

« Cependant, dit le professeur Meyer, les hommes
« qui n'avaient reçu du Parlement que des rebuffades
« ne se décourageaient pas et se tournaient vers le

------

(1) *Current issues of the Annual Return relating to Street and Road Tramways.* — Editées par le *Board of Trade.*

« Continent. Dans la période de 1864 à 1871, ils avaient
« construit des tramways à Copenhague, Bruxelles,
« Paris, Bordeaux, Genève, Madrid, Gênes, Vienne,
« Berlin, Barcelone, Saint-Pétersbourg et Constan-
« tinople. Qu'on se rappelle leurs appels incessants au
« Parlement pour nombre de constructions de tramways
« urbains en Grande-Bretagne alors que les autorités
« légales ne s'en occupaient pas encore. Qu'on se sou-
« vienne aussi des tramways construits sur le Continent
« où les gens, beaucoup plus pauvres qu'en Angle-
« terre, utilisent, par suite, moins les tramways,
« et l'on pourra répondre aux gens mal informés, ou
« de mauvaise foi, qui ont l'habitude de dire que la
« municipalisation des tramways en Angleterre a dû
« son origine à la mauvaise volonté apportée, par
« l'industrie privée, à l'organisation de bons moyens
« de transports (1). »

En 1904, lorsque les compagnies de tramways s'unirent
pour obtenir d'être reconnues comme service public,
les municipalités s'entendirent pour les en empêcher :

« Le projet de loi pour la *Tyneside Tramways and*
« *Tramroads Company* établissant ce principe fut voté
« à l'unanimité par les deux Commissions de la Chambre
« des Lords et de la Chambre des Communes. Dans
« cette Assemblée il fut défendu par **M. Bonard Law**,
« secrétaire parlementaire du Board of Trade, mais il
« fut repoussé à la Chambre des Communes par 178
« voix contre 142 » (2).

Nous avons vu en 1905 un nouvel exemple des

---

(1) *Municipal Ownership in Great Britain*, par H.-R. Meyer.
(2) Voir *The Municipal Journal*, 1904 et 10 février 1905.

efforts faits par les municipalités pour renforcer leur monopole. La North Eastern Railway Company demandait l'autorisation de lancer des omnibus automobiles. La municipalité de Newcastle s'y opposa vivement sous prétexte que les tramways étaient aux mains des municipalités. La Commission de la Chambre des Communes accorda l'autorisation sous certaines réserves, mais l'opposition demanda qu'on fit défense à la compagnie de prendre des voyageurs en cours de route, empêchant ainsi de faire concurrence à la municipalité qui entendait monopoliser ce service. Dans le rapport il fut reconnu que les partisans de la municipalité s'opposaient à ce que la compagnie eut l'autorisation d'établir des services qui pourraient faire concurrence aux tramways municipaux. M. Bonar Law, le secrétaire parlementaire du Board of Trade, combattit cet amendement restrictif :

« On a, dit-il, battu la grosse caisse municipale
« comme lors de l'affaire de Newcastle. Il s'agissait de
« savoir dans quelle mesure les autorités locales,
« engagées dans une industrie particulière, pourraient
« se voir octroyer un monopole qu'on aurait refusé
« à toute autre personne engagée dans le même
« trafic. »

Il concluait ainsi :

« La question commence à se poser de la façon
« suivante : Est-ce la Chambre qui doit diriger les mu-
« nicipalités, ou les municipalités dicter leurs volontés
« à la Chambre ? »

La proposition imposant aux compagnies de nouvelles restrictions fut mise au vote et rejetée par 127 voix contre 110.

Les compagnies de chemins de fer sont soumises à une stricte réglementation pour ce qui touche la sécurité du public et de leurs employés, et les tarifs qu'elles peuvent imposer. Elles ont dépensé de gros capitaux pour construire leurs réseaux et acheter les terrains de leurs lignes et leurs gares. Si, à l'origine, elles ont eu un véritable monopole, il serait difficile de prétendre qu'elles l'ont encore avec les lignes et tramways concurrents qui transportent non-seulement des voyageurs mais encore des marchandises. Les tramways municipaux, au contraire, n'ont rien eu à payer pour les routes le long desquelles ils circulent ; on les a même prolongés hors du district régi par les municipalités qui les construisaient. Ils sont devenus pour les compagnies de chemins de fer des concurrents sérieux, et ils réclament encore une protection que personne n'aurait jamais songé à accorder à une entreprise privée.

N'oublions pas non plus la Loi des chemins de fer à voie étroite.

« A la fin de 1903, les commissaires des chemins de « fer à voie étroite avaient reçu 244 demandes d'auto- « risation pour tramways sur rues et sur routes » (1).

Le Light Railways Act avait été voté pour une période de cinq années qui finissait en décembre 1901. En février 1901 (2), le *Municipal Journal*, organe des partisans de la municipalisation, écrivait ce qui suit :

« On va tenter, nous le savons, de donner à cette « anomalie législative qu'est le Light Railways Act,

---

(1) *Municipal Ownership in Great Britain,* par H.-R. Meyer
(2) 22 février 1901.

« une place définitive dans le Code. Le Gouvernement,
« assure-t-on, est « satisfait de l'expérience ». Il n'est
« pas le seul qui ait tiré quelques satisfactions de cette
« loi ; il y a aussi les astucieux promoteurs de tram-
« ways qui ont trouvé dans cette mesure un moyen
« très efficace de se soustraire aux restrictions du
« Tramway Act de 1870, et de se délivrer des charges
« de la clause du rachat. »

M. Gerald Balfour, Président du Board of Trade, en
avril 1901, déposa courageusement un projet de loi
pour amender le Light Railway Act et le prolonger
pendant 5 années, mais en août il retira son projet
« purement et simplement », parce qu'il aurait provoqué de trop vives discussions ; en d'autres termes,
parce qu'il était combattu par l'Association des municipalités.

Depuis 1901, la loi de 1896 a été prorogée d'année
en année.

Quels ont été les résultats de cette politique poursui-
vie par les municipalités ou, plus exactement peut-
être, par l'Association des municipalités? Pour s'en
rendre compte, il suffit de comparer notre situation à
celle des États-Unis.

« En 1890, aux États-Unis, les villes de plus de
« 50.000 habitants avaient 3.205 miles de tramways
« (voie principale). En proportion, les villes d'Angle-
« terre et du Pays de Galles auraient dû en avoir
« 3.190, tandis que l'Angleterre, le Pays de Galles,
« l'Ecosse et l'Irlande réunis n'avaient en tout que
« 948 miles de voie (1). »

---

(1) *Municipal Ownership in Great Britain,* par H. R. Meyer.

En 1896, les États-Unis possédaient 10.000 miles de tramways électriques ; nous, nous en avions 20 ! (1).

En juin 1902, il y avait aux États-Unis 16.659 miles de chemins de fer sur route, avec 22.589 miles de voie.

Le parcours urbain s'en élevait à 14.000 miles. Le Royaume-Uni, qui a sensiblement la même population urbaine que les États-Unis, devrait donc avoir comparativement un réseau de même longueur.

Or, en mars 1904, la longueur totale des chemins de fer sur route urbains et interurbains était de 1.840 miles, et celle des voies ne dépassait pas 3.200 miles.

Nos citadins ont à leur disposition un peu moins du quart de facilités de transports que les habitants des villes et cités des États-Unis.

Ainsi,

« La doctrine d'après laquelle les profits tirés
« des entreprises qui empruntent des voies publiques
« en vue d'assurer des services publics doivent appar-
« tenir au public et non à des « spéculateurs », a
« abouti pour l'industrie privée à une paralysie com-
« plète et durable. Tout aussi complète et durable a
« été l'impuissance des municipalités à combler le vide
« qu'elles avaient créé en étouffant l'essor de l'initia-
« tive privée (2). »

Téléphones.

Comme la Compagnie des Téléphones a été, en fin

---

(1) Darwin, *Municipal Trade*.
(2) *Municipal Ownership in great Britain*, par H. R. Meyer.

de compte, rachetée par le Post Office, je passerai rapidement sur cette question.

Le Gouvernement ayant acquis les télégraphes, regarda, dès le début, les téléphones avec une extrême jalousie. Il ne pouvait décemment priver M. Edison et ses associés de toute participation dans les profits de cette merveilleuse invention, mais demanda pourtant à percevoir un dixième, non des bénéfices, mais des recettes brutes. Que serait-il arrivé, je vous le demande, si l'on avait traité ainsi nos chemins de fer ?

Finalement, on résolut d'acheter la Compagnie et d'exploiter les téléphones avec les télégraphes. Ce fut, assurément, une politique étrange et tout à fait désastreuse.

Le pays a perdu plus de £ 10.000.000 par suite de l'exploitation en régie du télégraphe. L'année dernière, le déficit fut de £ 439.000 (1), et si l'on y ajoute la perte des intérêts sur les sommes payées par les contribuables, que l'on peut évaluer au bas mot à £ 200.000, la perte réelle ressort à £ 640.000. Si même le réseau des télégraphes nous avait été donné pour rien, nous aurions encore fait une très mauvaise affaire.

Ce déficit est quelquefois attribué à l'abaissement de la taxe des dépêches de 1 s. à 6 d. Mais la Commission nommée par le Trésor établit dans son rapport que le déficit est dû principalement à l'élévation des charges d'exploitation.

On dit aussi que si nous avons payé cher les télégraphes, le service y est du moins on ne peut mieux

---

(1) Rapport du Postmaster General, 1906.

fait. C'est une affaire d'appréciation, mais est-ce si sûr que cela ? Mon opinion est que la libre concurrence nous aurait assuré un service meilleur encore.

A défaut de preuve directe que l'on ne saurait donner, voici un exemple :

MM. Cunningham and Cᵒ, de Liverpool, ayant une importante affaire à Londres, envoyèrent simultanément deux dépêches dans cette ville, l'une par la voie directe, l'autre viâ New-York, et demandèrent à leurs amis de Londres d'agir de même. La réponse viâ New-York arriva un peu plus tôt que celle venue directement de Londres.

Les sommes payées à l'Etat par la Compagnie des Téléphones, en vertu de sa concession, se montent à ce jour à plus de £ 200.000 par an, et elles s'élèvent rapidement. Pourtant nous avons fait tout ce que nous avons pu pour entraver et décourager la compagnie qui nous paye cette magnifique annuité, et nous venons de décider que l'affaire serait gérée désormais par le Post Office. Nous abandonnons le système qui nous donne d'abondants et croissants bénéfices, et nous appliquons celui qui ne peut nous donner que de lourdes pertes. Un ministre surtout est responsable de cette folie, c'est **M. Hambury.**

Que dit M. Hambury lui-même ?

En 1889, une députation alla l'interroger sur ce sujet, et voici, d'après le rapport, ce qu'il répondit :

« M. Hambury a peine à croire que la députation « ait apprécié, à leur juste valeur, les graves diffi- « cultés qui s'opposent à la nationalisation. Il se « demande s'il est bien pratique d'accroître le nombre « des exploitations gérées par l'État. Le Post Office est

« surchargé de travail de toutes sortes, et ne semble
« pas capable d'assumer encore cet énorme fardeau.
« Si le service des téléphones était confié au Post
« Office, ce serait au détriment des services postaux et
« télégraphiques. En outre, cela augmenterait énor-
« mément le nombre des fonctionnaires de l'État. Déjà
« aujourd'hui, les agents du Gouvernement réclament
« chaque semaine des augmentations de salaires ; le
« Ministre se contentera de demander au Parlement
« actuel s'il veut voir s'étendre encore ces réclama-
« tions incessantes (1) ».

En cela, nous sommes d'accord, mais qu'a fait
M. Hambury ? Exactement le contraire, puisqu'il a
précisément appliqué la méthode qu'il avait si nettement blâmée, et je crains que la méthode adoptée ne
finisse par nous coûter cher.

On se plaint souvent de ce que notre système de téléphones ait vieilli. Pourquoi cela ? Le *Times* dans un
intéressant article l'explique :

« Les efforts du Post Office ont tendu constamment
« à susciter toutes les difficultés possibles au dévelop-
« pement du téléphone, et à l'usage constant qu'en
« fait le public. Nous disons à dessein « toutes les diffi-
« cultés possibles » parce que les clauses des contrats
« passés avec la compagnie, sont à beaucoup d'égards
« aussi complètement prohibitives qu'une défense pure
« et simple..... Il apparaît clairement qu'on ne peut
« assurer les services téléphoniques que sous la menace
« de règlements aussi absurdes que vexatoires. La
« conduite du Post Office, si elle n'est pas légalement

____

(1) *Times*, 4 mai 1899.

« malhonnête, est du moins moralement inexcusable.
« On ne peut appuyer la prétention de posséder les télé-
« phones sur des mots introduits dans une loi avant
« l'invention de ces mêmes téléphones, et les effets de
« cette prétention sont presque aussi désastreux pour
« le pays que pour les inventeurs et les propriétaires
« de ces appareils (1) ».

Éclairage électrique.

J'arrive maintenant à l'histoire de l'éclairage électrique.

Les Municipalités ayant engagé de fortes sommes
dans leurs usines à gaz, commencèrent à craindre que
la lumière électrique ne vint réduire sérieusement les
bénéfices de leurs entreprises d'éclairage. Elles réussirent à persuader au Parlement d'introduire dans la
Loi sur l'Éclairage électrique de 1882, la clause du
rachat obligatoire déjà inscrite dans le Tramway Act
de 1870.

J'expliquai, dès cette époque, que cette clause serait
aussi fatale à l'éclairage électrique qu'elle l'avait été
aux tramways.

Sir F.-J. Bramwell, un des ingénieurs les plus éminents de la Grande-Bretagne, s'exprima alors ainsi :

« Je ne l'ai pas dit jusqu'ici, mais je veux le dire
« aujourd'hui. On prétend mettre une industrie de cette
« espèce en libre concurrence avec une industrie muni-

------

(1) *Times*, 13 juin 1884.

« cipale comme le gaz, et on l'oblige, d'autre part, à
« maintenir des tarifs assez élevés pour pouvoir rem-
« bourser son capital dans le court espace de 21 ans.
« Il est clair à mon avis que ceux qui proposent
« pareille chose n'ont aucune idée des difficultés de la
« question. Les compagnies d'éclairage électrique
« seront obligées de baisser leurs prix le plus possible
« pour se faire une clientèle... Je puis dire, — et sans
« être pour cela grand prophète — que si l'on ne fait
« pas dans notre pays un plus grand usage de l'élec-
« tricité, la faute en retombe toute entière, à mon avis,
« sur la Loi de 1882 (1) ».

Il est pourtant juste de reconnaître que une ou deux
Compagnies se déclarèrent d'abord satisfaites de ce
terme de 21 ans ; mais elles ont, dans la suite, changé
d'avis, car elles n'ont rien fait ou presque rien. L'industrie fut aussitôt paralysée, et en 1887, il ne subsis-
tait plus qu'une seule concession, celle de Chelsea. A
la fin, en 1886, la limite de durée fut portée à 30 ans.

C'est, sans aucun doute, leur monopole du gaz qui a
poussé tant de municipalités à regarder avec appréhension, comme un dangereux rival, l'éclairage électrique.

Dans l'enquête parlementaire sur le Electric Lighting
Bill de 1886, Lord Rayleigh posa quelques questions
utiles au Secrétaire du Board of Trade.

« Votre idée, dit-il, se résume ainsi : « les entrepre-
« neurs doivent subir les risques de perte et le public
« avoir les bénéfices en cas de succès ! »

---

(1) *Report of Lords Committee on the Electric Lighting Act
1882. —* Amendement Bills, 1886.

« Le Secrétaire du Board of Trade répliqua : « Rien
« n'oblige les entrepreneurs à se lancer dans ces entre-
« prises. »

« Mais, reprit Lord Rayleigh, lorsque vous dites que
« rien ne les oblige à entreprendre ces affaires, vous
« entendez, sans doute, qu'il n'est pas nécessaire que
« le public s'éclaire à la lumière électrique ? »

« Les autorités locales peuvent se charger de ce soin ! »
répliqua le secrétaire.

« Mais supposons, continua Lord Rayleigh, que les
« autorités locales ne voient pas le moyen de le faire.
« Alors, je suppose, qu'il faudrait renvoyer la chose à
« plus tard. — En somme, conclut Lord Rayleigh, tout
« votre raisonnement semble aboutir à ceci : Que le
« public soit éclairé, cela n'a pas grande importance,
« pourvu que les compagnies ne fassent pas de béné-
« fices (1) ».

M. E. Chandos Leigh, Conseil du Président de la
Chambre des Communes depuis 1883, et Président de
Commissions dans cette assemblée, déposa en ces termes, devant la Commission mixte des deux Chambres
sur la municipalisation en 1900 :

« Prenons, par exemple, le gaz ; 250 municipalités
« se sont chargées d'assurer ce service en Grande-Bre-
« tagne. Or, dans tous les cas, l'entreprise a été créée
« à l'origine par une compagnie, et seulement, plus
« tard, achetée par la municipalité.

« En fait, on peut dire que les autorités locales n'ont
« jamais rien commencé ni pris aucune initiative, pas

____

(1) *Report of Lord's Committee on the Electric Light Act*, 1882.
Amendement Bills, 1886.

« plus en matière de tramways que de gaz ou d'éclai-
« rage électrique ; mais lorsqu'une compagnie était
« devenue florissante, c'est alors qu'on l'acculait à la
« nécessité de vendre son entreprise. Je puis, je crois,
« aller un peu plus loin et dire qu'il n'y a pas d'exem-
« ple, à ma connaissance, d'une municipalité cherchant
« à acquérir une usine à gaz qui ne fut pas prospère.
« Les villes ne se sont jamais proposées de venir en
« aide aux consommateurs lorsqu'une entreprise de
« gaz se trouvait en mauvaise posture, mais elles se
« sont précipitées sur les compagnies qui payaient un
« bon dividende... Je dois ajouter que dans beaucoup
« de cas on s'est efforcé d'acquérir celles des usines à
« gaz qui, après avoir traversé une longue période de
« lutte sans bénéfices, se trouvaient à la veille du suc-
« cès. Je ne connais pas moins de quatre tentatives de
« ce genre, dans les deux dernières législatures ; trois
« furent repoussées par le Parlement, la quatrième
« réussit parce que, au moment même où on allait
« tourner l'obstacle, la municipalité avait mis la main
« sur l'affaire. »

Voici comment M. W.-L. Madgen s'exprime devant
la même Commission :

« Une Compagnie avisa le Conseil de Milton, près
« Sittingbourne, de son intention de demander une
« concession. Le Secrétaire municipal lui écrivit :
« Le Conseil m'a chargé de vous dire que comme les
« usines à gaz, à Milton, appartiennent au Conseil
« municipal, celui-ci prendra, en temps utile, les me-
« sures nécessaires pour empêcher qu'on accorde l'auto-
« risation demandée de pourvoir à l'éclairage électri-
« que public et privé sur l'étendue de la commune. »

M. Slagg, député de Manchester, confirme le fait. Il
dit que « son honorable ami qui venait de prendre la
« parole à ce sujet, s'était plaint de la manière dont
« les sociétés d'éclairage électrique étaient traitées dans
« le projet de loi en ce qu'elles étaient soumises au ra-
« chat obligatoire.

« Mais il critiqua très fortement la fondation de so-
« ciétés d'éclairage électrique dans les districts où le
« gaz est déjà fourni par les autorités locales, celles-ci
« devant rester le meilleur juge du mode d'éclai-
« rage qui convient au public? Il ne croyait pas qu'il
« fût de l'intérêt public d'inviter des compagnies étran-
« gères à venir installer une exploitation dans une ré-
« gion déjà éclairée (au gaz) dans les conditions les
« meilleures et les plus économiques par les autorités
« locales. Pourquoi encourager un groupe de particu-
« liers étrangers à la localité à venir dérober les béné-
« fices déjà faits par une municipalité qui les applique
« aux besoins locaux en remplacement d'impôts. Pour
« ces motifs, il considérait que la Chambre ne devait
« nullement encourager des particuliers à s'emparer
« des villes où les municipalités s'acquittent de leurs
« devoirs à la satisfaction générale (1). »

Dans ces conditions, l'industrie de l'éclairage électrique fut, comme nous l'avons prédit, complètement
paralysée, et ce ne fut qu'après six longues années
que le ministère Salisbury déposa le projet d'amendement de 1886 à l'Electric Lightning Act de 1882.

L'enquête montra toutefois que les municipalités ne
consentiraient pas à ce qu'on reculât de plus de trois

____

(1) *Hansard's Parlementary Debates,* 15 juillet 1882.

ans la limite des concessions, mais elle démontra également que l'éclairage électrique ne pouvait pas être entrepris en grand dans ces conditions.

Le Gouvernement abandonna donc son dessein d'amender l'Electric Lighting Act de 1882.

« Plutôt que de demander à ses partisans dans la « Chambre des Communes de déplaire à la puissante « Association des municipalités, le Gouvernement pré- « féra laisser le Royaume-Uni sans lumière électrique.

« En 1887 et 1888, le Board of Trade n'accorda ni « Provisional Order (permission), ni Charter (privi- « lège), et lord Herschel, ancien membre du Gouver- « nement, qui porte la responsabilité de l'Act de 1882, « pensa se justifier devant la Chambre des Lords en « disant : qu'il croyait que la lumière électrique était « plus employée dans les « îles de la mer du Sud » « qu'elle ne l'était à Londres (1). »

En 1888, le Gouvernement déposa un autre projet de loi qui fut voté.

A la Chambre des Lords, lord Thurlow le présenta en ces termes :

« Le but du projet est de supprimer les restrictions « prohibitives imposées à une industrie qui mérite « qu'on la favorise de toute manière. Dans presque « toutes les grandes villes d'Italie, l'éclairage électri- « que fait de rapides progrès. Il n'y a qu'en Angleterre « que la science reste stationnaire (2). »

Autre fait à noter : en beaucoup de cas, les municipalités prirent des permissions de construire, afin

---

(1) *Municipal Ownership in Great Britain*, par H. R. Meyer.
(2) *Hansard's Parlementary Debates*, 5 et 12 mars 1888.

de barrer la route aux entreprises privées, et elles ne
les utilisèrent pas.

« A la fin de 1904, sur 54 Provisional Orders, au-
« cun n'était utilisé. Or, Acton, 38.000 habitants, avait
« acquis son privilège pour 14 ans ; Bacup, 23.000 ha-
« bitants, avait fait de même ; Lanelly et Waterlord,
« qui ont respectivement 26.000 et 27.000 habitants,
« ont des concessions de 13 ans (1). »

En 1889, la municipalité de Birmingham voulut bien
ne pas s'opposer à la demande de concession faite par
une compagnie privée, à condition qu'on la limiterait
à un très petit espace dans le centre de la ville. Quand
l'entreprise eut nettement réussi, la municipalité la
racheta. Les usines lui furent transférées en janvier
1900, et la municipalité prit ses mesures pour fournir
le courant à toute la ville.

« Ainsi, la ville de Birmingham, pendant 18 années,
« avait privé de lumière électrique tous les habitants
« qui n'habitaient pas tout à fait au cœur de la cité (2). »

M. Ritchie, depuis lord Ritchie, lorsqu'il était président du Board of Trade, s'exprimait ainsi :

« Il est exact, à mon avis, que l'industrie électrique
« en notre pays est extrêmement arriérée. Elle est infé-
« rieure pour l'éclairage et certainement aussi pour
« le transport de l'énergie, à plusieurs pays d'Europe,
« ainsi qu'aux Etats-Unis et au Canada. On peut dire
« qu'il y a aux Etats-Unis des villages qui jouissent
« à ce point de vue d'avantages que nos plus grandes
« villes ne connaissent pas.

---

(1) *Municipal Ownership in Great Britain*, par H. R. Meyer.
(2) *Ibid.*

« Il n'est pas douteux qu'il y ait beaucoup à faire.....
« Il faut se rappeler que c'est la loi de 1882 qui, plus
« que toute autre chose, a contribué à retarder et entra-
« ver le développement de la fourniture de l'électri-
« cité. »

En 1898, le « Joint Select Committee » des stations
génératrices d'électricité, écrivait dans son rapport :

« La Commission considère que les clauses de
« l'Electric Lighting Act de 1882, qui fait du consen-
« tement des autorités locales une condition préala-
« ble de l'obtention d'une permission, doivent être
« modifiées.

« A son avis, les autorités locales doivent avoir le
« droit d'être entendues par le Board of Trade, mais
« elles ne doivent pas avoir pour ainsi dire un droit
« de veto, celui-ci ne devant être exercé que dans des
« cas spéciaux par le Board of Trade. »

Quatre années après ce rapport, en juin 1902, une
députation de l'Institut des Ingénieurs électriciens alla
trouver M. Gérald Balfour, président du Board of
Trade, et demanda qu'on donnât suite au vœu de la
Commission mixte. M. Gérald Balfour affirma qu'un
projet de loi avait été préparé à cet effet. Pour des raisons
faciles à deviner, le projet n'a jamais été déposé.

Force motrice électrique

Examinons maintenant ce qu'ont fait les municipalités pour assurer la fourniture de l'énergie électrique.

Il n'est pas nécessaire d'insister sur l'intérêt que présente pour l'industrie le prix réduit de la force motrice. Un grand nombre d'industriels qui n'utilisent que peu de force ne peuvent s'alimenter qu'auprès de stations génératrices centrales.

En 1898, un certain nombre d'industriels formèrent une Société sous le nom de « The General Power Distribution Company » et demandèrent au Parlement l'autorisation de distribuer du courant dans une région de 210 miles carrés, comprenant Sheffield et Nottingham. Cette zone est un des plus importants districts industriels de l'Angleterre ; elle comprend une population de 1 million d'habitants, sur lesquels seulement 1.546 maisons de commerce ou particuliers utilisaient le courant électrique. Les autorités locales et les compagnies avaient acquis des concessions couvrant 66 miles carrés de la zone en question, mais le courant n'était fourni que sur 4 ou 5, qui représentaient d'ailleurs les parties centrales de Sheffield et Nottingham.

« A Sheffield, une compagnie avait fourni le cou-
« rant dès 1893, mais les conditions imposées par la
« municipalité étaient si onéreuses qu'elle dut porter
« son tarif à 10 cents.

« A Nottingham, la ville assurait le service depuis
« 1894, mais en 1898 elle avait seulement 482 clients
« sur une population d'environ 220.000 habitants. La
« ville, propriétaire des usines à gaz, vendait l'électri-
« cité de 6 à 12 cents par unité.

« Le projet de loi de distribution générale de l'éner-
« gie électrique fixa le prix maximum à percevoir par
« la nouvelle compagnie à 8 cents par unité pour les
« 200 premières heures de chaque trimestre, et à

« 4 cents pour l'utilisation supplémentaire (1). »

La proposition, soumise à une Commission mixte des deux Chambres se présenta sous des dispositions favorables.

M. H.-D. Davies, Secrétaire de la Chambre de Commerce de Chesterfield, expliqua à la Commission que les manufactures de la région étaient en butte à une dure concurrence de la part des industriels étrangers, parce que ceux-ci jouissaient déjà de l'avantage d'avoir la force motrice à bon marché, et que le Bill serait d'une grande importance pour la prospérité de la région.

La Commission fit un rapport favorable, et le projet fut voté à la Chambre des Lords, mais avant qu'il ne vint à la Chambre des Communes, le Lord Maire de Manchester provoqua un Congrès des municipalités de Lancashire et du Cheshire, qui décida de s'y opposer. Bien que soutenu par toutes les Chambres de Commerce de la région intéressée il fut, sous la pression des municipalités, repoussé par la Chambre des Communes par 164 voix contre 132.

M. Bromley Davenport, rapporteur, se plaignit vivement de « l'influence combinée des municipa-
« lités groupées en association, pesant individuel-
« lement sur les membres de cette Chambre pour les
« forcer à voter pour ou contre un projet de loi,
« même quand il n'a qu'un rapport très lointain avec
« les intérêts de la circonscription qu'ils représentent.
« C'est cette influence qui depuis quelques semaines
« pèse sur les honorables membres de cette Chambre,

---

(1) *Municipal Ownership in Great Britain*, par H.-R. Meyer.

« et, la ressentant lui-même, il reconnaît sa force, et
« pense par cela même qu'elle est assez forte pour
« triompher (1). »

Ces craintes étaient justifiées puisque l'Association
des municipalités réussit à faire repousser le projet de
loi.

En 1900, un projet semblable « Le Lancashire Electric Power Bill » fut déposé en vue de fournir l'énergie
électrique dans le Lancashire.

Il y était fait certaines concessions aux municipalités dans l'espoir de se concilier leur association.
M. Macdona qui s'était opposé au Bill précédent, prit
la défense de celui-ci :

« On a, dit-il, l'impression dans le pays que les
« municipalités s'organisent en un trust gigantesque
« en vue d'étrangler, dès sa naissance, l'industrie
« privée de l'électricité...

« On a aussi dans le pays le sentiment que, en
« cette matière, les entreprises privées ne peuvent
« lutter à armes égales dans leur concurrence avec les
« municipalités ».

Malgré tout, l'Association Municipale fut implacable,
sir James T. Woothouse, son représentant à la
Chambre des Communes, appuya le rejet :

« Les promoteurs du projet, dit-il, ne sont pas une
« autorité publique qui vient demander à la Chambre
« des Communes une mesure d'intérêt général, c'est
« un groupe de spéculateurs privés, désireux avant
« tout de gagner de l'argent, mais qui présentent
« leur affaire comme une chose d'intérêt général,

____

(1) *Hansard's Parliamentary Debates*, 12 juillet 1898.

« devant donner satisfaction à un besoin pressant du
« public ».

Le Parlement, cependant, commençant à comprendre
l'importance et les conséquences d'un refus, vota
le Bill, bien qu'avec quelques fâcheuses modifications. En 1901, le « Derbyshire and Nottinghamshire
Electric Power Bill » passa à son tour, malgré l'opposition traditionnelle des principales autorités locales.

Le vote du « Yorkshire Electric Power Bill » consti-
tua une nouvelle et importante étape. Il était combattu
par Leeds, Bradford et Sheffield. La compagnie, dans
l'espoir de désarmer l'opposition, avait admis de ne
pas fournir l'énergie électrique dans ces trois villes,
mais les municipalités prévoyaient que les compagnies
fournissant la force motrice à meilleur marché, les
industriels de la zone urbaine se plaindraient de leur
situation désavantageuse. C'est, d'ailleurs, ce qui se
passa.

Dans toute la période qui s'étend jusqu'en 1904,
24 compagnies seulement ont été autorisées, et il faut
avouer qu'en matière de force motrice, le Board of
Trade a poursuivi sa « politique favorable aux Municipalités, et hostile aux entreprises privées (1) ».

« Au début de 1902, l'Institut Britannique des Ingé-
« nieurs Électriciens nomma une commission de douze
« membres pour étudier la législation des industries
« électriques. Cette commission comprenait entr'autres :
« Lord Kelvin, le plus grand savant de l'Angleterre, et
« peut-être du monde, dans le domaine de l'électri-
« cité; John Perry, ancien Président de la Société,

____

(1) Meyer. — *Municipal Ownership in Great Britain.*

« et S. P. Thompson, ancien Président de la Physical
« Society.

« La Commission se réunit 11 fois, recueillit des
« témoignages, et vota 9 résolutions « établissant que
« l'industrie électrique avait grandement souffert d une
« législation trop restrictive..... du veto exercé par les
« autorités locales,..... et des règlements imposés par
« les administrations publiques. »

En 1898, la Chambre des Lords nomma une commission des stations génératrices d'électricité, qui émit
quelques vœux auxquels le Gouvernement essaya par
trois fois de donner suite en 1903, 1904 et 1905.
Mais il en fût empêché par l'Association des Municipalités.

En juin 1904, quand le Bill passa en seconde lecture devant la Chambre des Lords, le *Municipal Journal* écrivit :

« A notre connaissance, aucun autre journal n'a
« attiré l'attention sur la dangereuse violation de
« principes qui se cache derrière cette mesure. Les
« municipalités, qui possèdent déjà leurs services élec-
« triques, se trompent du tout au tout quand elles pré-
« tendent que la loi nouvelle ne les atteint pas. Quand,
« au bout de quelque temps, les districts urbains pour-
« ront obtenir le courant à un prix moitié plus bas que
« celui des usines municipales, les consommateurs
« des grandes villes ne voudront pas continuer à payer
« plus cher, et voudront jouir des mêmes avantages
« que les districts extérieurs, en quoi ils auront raison.
« Qu'adviendra-t-il alors de nos usines municipales
« d'électricité (1) ».

---

(1) *The Municipal Journal*, 17 juin 1904.

Mais, demanderons-nous, pourquoi les manufacturiers seraient-ils contraints, par une dévotion mal entendue envers la municipalisation, de payer l'énergie électrique deux fois plus cher qu'ailleurs, et, si on les y oblige, comment pourront-ils lutter contre la concurrence étrangère ? S'ils veulent sortir vainqueurs de la lutte économique, il leur faut absolument obtenir la force motrice aussi pratiquement que possible et au meilleur marché.

Je n'ai guère besoin de démontrer que tout ce qui fait progresser l'industrie vient augmenter la demande de travail et profiter aux classes laborieuses.

Je traiterai pourtant cette question dans un des chapitres suivants et montrerai où se trouve l'intérêt des ouvriers.

On pourrait, du reste, multiplier à l'infini les exemples de la désastreuse répercussion de la municipalisation sur ces entreprises. Quand Blackpool eût acheté les tramways, elle refusa, un peu plus tard, d'accorder des permis de circuler aux omnibus (1).

Quand l'industrie du gaz était encore dans l'enfance, elle dut presque entièrement son développement à l'initiative privée. Manchester seul, je crois, fit exception.

M. Meyer exprime la conviction que :

« Les partisans de la municipalisation sont respon-
« sables de la situation retardataire de la Grande-Breta-
« gne dans toutes les branches de l'industrie électrique,
« sauf une seule, l'industrie des câbles sous-marins
« qui, utilisant le fond de la mer, n'a pas encore fait

----

(1) *Darwin. Municipal Trade.*

« l'objet d'une réglementation du Parlement (1).

« En concluant, ajoute-t-il très justement, il est utile
« de rappeler ce que déclarait sir Frédéric J. Bramwell,
« l'un des plus éminents ingénieurs-mécaniciens d'An-
« gleterre, que la loi de 1870 sur les tramways et celles
« de 1882 et 1888 sur l'éclairage électrique ont amené
« l'Angleterre « à perdre à jamais la situation qu'elle
« occupait dans la fabrication et la mise en œuvre du
« matériel de l'industrie électrique (2). »

En fait, l'action des municipalités a eu ce résultat
qu'en 1902, tandis qu'il y avait, aux Etats-Unis, 3620
stations centrales d'électricité, le Royaume-Uni n'en
possédait que 457.

« Tandis que les pays étrangers, écrit M. Davies (3),
« tirent la plus grande partie de leur matériel de che-
« min de fer de notre pays où les entreprises de
« chemins de fer sont libres, l'intervention municipale
« dans les affaires d'électricité a si bien étouffé chez
« nous cette industrie, que nous sommes maintenant,
« pour notre matériel électrique, tributaires de l'Amé-
« rique et des autres pays où l'électricité se développe
« librement.

Comme le disait le *Times,* il y a quelques jours,
(12 novembre) : « c'est seulement l'opposition des auto-
« rités locales, et la peur de déranger trop de situations
« acquises, qui ont engagé Londres dans la voie des
« tramways souterrains, tels que chemins de fer en
« tunnels et tubes. »

« Les procédés des bureaux de l'Etat, observe le pro-

---

(1) *Municipal Ownership in Great Britain,* par H.-R. Meyer.
(2) *Journal of the Society of Arts,* 30 janvier 1903.
(3) *Traction and Transmission.* Tome II.

« fesseur Bastable, à l'égard des inventions nouvelles,
« sont la honte de l'Administration, et il semble bien
« qu'avec les télégraphes exploités par l'Etat, il y ait
« grande chance pour que, tout en suivant leurs tradi-
« tions, ils deviennent insensiblement tout à fait
« démodés (1). »

M. Porter (2) a indiqué qu'aux Etats-Unis les tramways, possédés et exploités par des compagnies privées,
payent des contributions plus élevées, tout en trans-
portant les voyageurs à des prix inférieurs à ceux de
n'importe lequel de nos tramways municipaux. La
gestion municipale, dit-il, tue, sans aucun doute, l'esprit
d'entreprise, et il n'est pas moins certain également
qu'elle altère entièrement le caractère de nos institutions municipales. Nul ne devrait entrer dans nos
Conseils de villes sans être décidé à consacrer à ses
fonctions tout son temps, et dans ces conditions même,
il ne paraît pas soutenable qu'il puisse s'acquitter
soigneusement et en conscience de tout le travail qui
lui est attribué.

Nous terminerons par ces justes et intéressantes
réflexions de feu Lord Farrer :

« En France, l'initiative et la direction de ces tra-
« vaux (ports, navigation intérieure, routes, ponts,
« chemins de fer), appartiennent à l'autorité centrale
« agissant par l'intermédiaire d'un nombreux et coû-
« teux personnel d'Ingénieurs des Ponts-et-Chaussées.
« Le résultat de ce régime est que, dans tous les tra-

____

(1) *Bastable's Public Finance.*
(2) The Honorable R.-P. Porter, « *Municipal Trading* » *Traction
and Transmission.* Tome II.

« vaux de ce genre, on a complètement découragé
« tout esprit d'initiative. Aucun des perfectionnements
« qui ont été introduits, depuis 50 ans, dans le domaine
« des voies de communication et les moyens de
« transports n'a pris naissance en France : macadami-
« sation des routes, chemins de fer, locomotives, ponts
« suspendus, bateaux à vapeur, etc., toutes ces inven-
« tions sont l'œuvre des ingénieurs libres et indépen-
« dants de l'Amérique et de l'Angleterre. Le monopole
« de nos ingénieurs officiels est aussi peu propre à
« perfectionner ou utiliser les inventions qu'à les faire
« naître. Et, quoique notre pays soit un de ceux où
« l'industrie est la plus développée et où la multiplicité
« des voies de communication (en particulier, des
« chemins de fer) est le plus nécessaire, nous sommes
« restés, à cet égard, bien loin en arrière, par rapport
« aux Etats-Unis, à l'Angleterre, à la Belgique, etc. (1). »

Dans les chapitres suivants, j'aurai maintenant à
indiquer combien les intérêts du pays ont été compromis et combien, avant tout, ceux des classes ouvrières
ont souffert de la tendance systématique à décourager
l'initiative privée et le développement de l'énergie
individuelle.

---

(1) Extrait d'un article sur les monopoles en France : *Dictionnaire
d'Economie politique* (Coquelin et Guillaumin. Paris, 1854. —
Tome II.) Cité par Farrer dans *The State in Relation to Trade*.

CHAPITRE VIII

LES CHEMINS DE FER

« Que le pays fasse des chemins de fer, disait George Stephenson, et les chemins de fer feront le pays. »

Voici donc une question d'une importance vitale : Quel est le meilleur système de construction et d'exploitation des chemins de fer. Diverses solutions ont été envisagées et mises en pratique, mais en ce qui nous concerne, il nous suffit d'en étudier deux : l'exploitation par les compagnies et l'exploitation par l'Etat.

Il est clair que, dans tout pays qui adopte le premier système, le nombre des fonctionnaires et la puissance de la bureaucratie augmentent considérablement.

En outre, comme nous le verrons, quantité de questions que soulèvent sans cesse la diversité et la difficulté des affaires commerciales se trouvent transportées sur le terrain politique, pour le plus grand dommage des deux parties.

Quiconque a beaucoup voyagé sur le continent a dû être frappé de l'extraordinaire différence qu'il y a entre les chemins de fer anglais, administrés par des compagnies privées, et les chemins de fer continentaux exploités le plus souvent par l'État ou, comme en France, contrôlés et subventionnés par lui.

Nos trains sont plus nombreux, plus rapides et meilleur marché. Il y a chez nous de la vivacité, de l'animation ; sur le continent règne une atmosphère de lassitude et d'indifférence. Ici le but semble être de gagner du temps, là, d'en perdre.

Nos employés sont calmes, courtois et obligeants ; ils cherchent à aider les voyageurs ; à l'étranger ils leur donnent des ordres. Cela est si vrai qu'une compagnie privée, la Compagnie Internationale des Wagons-lits vient de se fonder afin de combler les lacunes du service officiel, et donner au public les trains rapides que les chemins de fer n'ont pas prévus.

En fait, les voyageurs anglais qui ne veulent pas perdre de temps, qu'ils aillent en Suisse ou en Orient, prennent rarement les trains de l'État et choisissent presque toujours ceux des compagnies privées.

Nous devons à MM. Foxwell et Farrer un ouvrage sur les chemins de fer anglais et étrangers, qui traite en particulier des trains rapides (1).

La partie relative à la Grande-Bretagne est due à M. Foxwell, celle qui traite du continent à M. Farrer (aujourd'hui Lord Farrer). Et d'abord, disent-ils, on appelle chez nous train express un train qui fait (arrêts compris) au moins 40 miles à l'heure ; sur le continent un train est express à partir de 29 miles. Le nombre des trains est beaucoup plus grand chez nous que dans

____

(1) *Express trains, English and Foreign*, par E. Foxwell et T.-C. Farrer, 1889.

les pays où ils sont propriété de l'État. Entre Liverpool
et Manchester il y en a 100 par jour, ils font 35 miles
en moyenne en 44 minutes, soit une vitesse de 47 miles
à l'heure. De Londres à Edimbourg, il y a plus de
20 trains par jour ; de Paris à Marseille il n'y a que 7,
dont 2 seulement prennent des voyageurs de 3e classe.
De Berlin à Cologne, il y en a 5 dont 2 seulement
prennent des voyageurs de 3e classe.

Sur la Riviera, entre Marseille et Vintimille (fron-
tière italienne), il y a un seul train intitulé « express »
et il fait le parcours à la vitesse fantastique de 18 miles
à l'heure ! Si les express de Paris à Marseille marchaient
à la même allure que les nôtres d'Edimbourg à Londres,
ils arriveraient à Marseille 5 heures plus tôt. En réalité,
il y a en France, et sur le continent en général, très
peu d'express, et ceux qui existent sont pour la plupart
beaucoup plus lents que les nôtres. Ainsi le meilleur
express de Paris en Allemagne n'a qu'une vitesse de
38 miles à l'heure, arrêts compris.

Nous trouvons dans l'ouvrage de Lord Farrer le
tableau suivant (1) ; il indique « le nombre d'heures
que l'on gagnerait sur les services les plus rapides entre
Londres et les principales capitales de l'Europe, viâ
Calais, si les trains du continent faisaient 40 miles à
l'heure (arrêts compris) :

Berlin......	8 heures ;	Madrid....	6 heures.
Berne......	7 —	Rome.....	11 —
Bruxelles...	2 —	Vienne....	10 —
Lisbonne...	13 —		

---

(1) *Express trains, English and Foreign.*

Considérons l'express des Indes viâ Brindisi, lequel d'ailleurs n'est pas exploité par les chemins de fer, mais par la Peninsular and Oriental C° et la Compagnie des Wagons-Lits. D'après Lord Farrer les vitesses sont les suivantes :

De Londres à Douvres, 43 miles 1/2 ; de Calais à Paris, 30 1/2 ; Paris à Modane, 32 ; Modane à Plaisance, 22 1/2 ; Plaisance à Brindisi, 30 1/2. Cela fait 52 heures de parcours à la vitesse moyenne de 26 miles à l'heure (1), tandis qu'en Angleterre la moyenne est de 43 miles.

Pour les voyageurs de troisième classe, la différence est particulièrement frappante. La quantité de bagages que l'on peut transporter en franchise est également plus petite et en général les soi-disant express ne prennent que les voyageurs de première et de deuxième classe ou même de première classe seulement.

Sur 50 express qui partent de Paris, 4 seulement prennent des voyageurs de 3e classe et 12 n'en prennent que de 1re (2).

Lord Farrer donne un tableau très instructif (3) dont j'extrais les chiffres suivants concernant la Grande-Bretagne, l'Allemagne, l'Autriche et la France. Les tarifs de 3e classe par mile parcouru sont presque exactement les mêmes dans les trois premiers pays, et un peu plus élevés en France.

---

(1) Les vitesses sont plus grandes aujourd'hui ; mais elles sont encore inférieures de plusieurs miles à l'heure à celles de Londres à Douvres.

(2) Ouvrage cité, p. 107.

(3) *Id.*, p. 95.

TARIFS D'EXPRESS PAR MILE en pence approximativement			PAYS	POPULATION d'après le Whitaker's Almanach 1888	MILES PARCOURUS EN EXPRESS			VITESSE MOYENNE		RAPPORT DES EXPRESS à la population (1)
					3e classe	0/0 du total	Total	Arrêts compris	Arrêts non compris	
2 »	1.25	0.95	Grande-Bretagne (40 miles à l'heure). .	32.700.000	57.207	93	62.574	41 2/3	44 3/5	525
1.70	1.31	0.94	Allemagne du Nord.	32 180.000	18.607	72	25.798	31 3/4	34 1/3	1.250
1.70	1.31	0.94	Allemagne du Sud .	11.713 000	2 567	28	9.085	31 1/5	33	1.290
1.80	1.33	0.90	Autriche.	39.000.000	6.297	46	13.832	30	32	2.820
1.91	1.43	1.05	France	38 000.000	11.263	27	41.130	32 4/5	36 1/4	920

(1) Ces chiffres ont été obtenus en divisant le nombre de miles parcourus par les express en un jour par le nombre des habitants. Ainsi, en Angleterre, il y a un mile express pour 525 habitants, en France un pour 920 habitants, etc. (*Note du traducteur.*)

J'ai extrait ces chiffres du livre de MM. Foxwell et
Farrer parce que ces auteurs constituent la plus grande
autorité en la matière ; mais comme l'ouvrage date
de quelques années, ayant été publié en 1889, j'y joins
le tableau suivant qui montre que nous gardons encore
notre supériorité.

		MILES	VITESSE A L'HEURE (arrêts compris)
ANGLETERRE			
Londres	à Bristol.	118	59
—	à York.	188	57
—	à Birmingham	113	56
—	à Leicester.	99	56
—	à Salisbury.	83	55
—	à Liverpool.	201	55
—	à Southampton	79	47
—	à Holyhead.	263	47
—	à Aberdeen.	523	47
Manchester	à Liverpool.	36	54
ETRANGER			
(non compris les trains à wagons-lits ou trains de luxe)			
Paris	à Bordeaux.	364	51
—	au Havre.	141	43
—	à Genève.	388	41
—	à Marseille.	536	39
Berlin	à Hambourg	177	50
—	à Hanovre	158	43
—	à Dresde	117	42
—	à Breslau.	224	41
—	à Cologne	358	38
Bruxelles	à Cologne	140	30

Pour les marchandises, M. Acworth cite un certain

nombre de cas (1) qui montrent que les tarifs sont plus
bas en Angleterre que sur le continent. On sait, en
outre, que pour beaucoup de catégories de marchandises et même pour la plupart, la rapidité de livraison
n'est pas moins importante que le bon marché du
transport. Nos chemins de fer livrent généralement
dans les 48 heures, et beaucoup plus vite pour les marchandises comme le poisson et le lait.

Pour les chemins de fer du continent, M. Acworth
donne les chiffres suivants indiquant quels seraient les
délais de livraison, en Allemagne et en France, correspondant à certaines distances du Royaume-Uni :

Royaume-Uni	Allemagne	France
Londres à Aberdeen......	7 jours	9 jours
Londres à Penzance......	5 —	7 —
Birmingham à Edimbourg.	5 —	9 —
Leeds à Northampton......	4 —	4 —
Birmingham à Coventry...	3 —	3 —

Dans ces chiffres les jours de remise des marchandises ne sont pas comptés.

Passant de ces observations un peu générales à
l'étude des divers pays en particulier, et débutant par
l'Allemagne, lord Farrer nous affirme (et il en donne
d'amples preuves) que « l'acquisition des compagnies
privées par l'Etat a eu des résultats excessivement
mauvais ». De Berlin à Francfort, le service des trains
passait pour être « le meilleur du continent et tout à
fait comparable à celui de n'importe quelle ligne
anglaise ». Mais aujourd'hui nos compagnies privées

____

(1) *The Railways and the Traders.*

ont fait de grands progrès en vitesse et en bon marché,
tandis que les chemins de fer du gouvernement alle-
mand en sont restés aux mêmes vitesses et au même
prix qu'auparavant.

L'ancien express de Berlin à Cologne ne marchait
qu'à 36 miles, arrêts compris. C'était 9 miles de moins
que nos express d'Edimbourg à la même époque, et
c'est une vitesse inférieure à celle qu'il avait lui-même
en 1879 quand il était exploité par une compagnie
privée. De Berlin à Hambourg, le meilleur express
marche à 37 miles 1/2, c'est moins que lorsqu'il était
administré lui aussi par des particuliers. L'express-
postal international de Russie était plus lent encore :
32 miles, arrêts compris.

Prenons l'express de Londres à Berlin ; la vitesse
moyenne était de 28 miles 3/4, tandis qu'elle était de
43 miles dans la partie anglaise du parcours. Si le
parcours continental avait accusé cette même vitesse
le voyage aurait été raccourci de 10 à 12 heures (1).

Pour la Saxe, dit le même auteur, « l'administration
gouvernementale y était arrivée à un point de lenteur
presque incroyable » (2).

M. Acworth (3) cite cette affirmation de M. Foxwell
et insiste en ces termes :

« Non seulement nos trains sont plus rapides mais
ils sont plus nombreux ; leur installation, quelle que
soit la classe des voyageurs, est remarquable, et la
proportion des express qui excluent les voyageurs de

---

(1) Ouvrage cité, p. 128.
(2) *Id.*, p. 145.
(3) *The Railways and the Traders.*

3ᵉ classe est devenue plus infinitésimale que jamais. »

Enfin il faut se souvenir que le confort donné à chaque voyageur est bien inférieur, mais si la question de la vitesse et celle du confortable sont très importantes, il est aussi d'autres facteurs également considérables qui ont été fort bien exposés dans un ouvrage récent de M. Meyer. Examinons d'abord le cas de l'Allemagne.

Les Chemins de fer allemands.

En 1878, Bismarck persuada au Landtag de racheter les chemins de fer prussiens; il donnait pour raison qu'il pourrait alors abaisser les tarifs, et par suite, favoriser le commerce en étendant le rayon des transactions. Mais l'effet fut inverse.

En 1888, les propriétaires fonciers et les fermiers de la Prusse Orientale adressèrent au Gouvernement une pétition pour lui demander d'abaisser les tarifs sur les produits agricoles, et en particulier sur le blé (ils étaient restés les mêmes depuis 1877).

C'eut été un grand bienfait pour les industriels et les habitants de la Prusse Centrale et Occidentale, mais les agriculteurs de ces régions firent, à cette mesure, une énergique opposition, parce qu'elle aurait fait baisser les prix et diminué leurs profits. La Saxe, qui se trouve à mi-chemin entre l'Est et l'Ouest de la Prusse et les autres États du Centre, s'y opposa aussi. Finalement, les Gouvernements de Saxe, Bade, Wurtemberg et Bavière déclarèrent au Gouvernement prussien que leurs représentants au Reichstag et au Bundestag combattraient le traité de commerce avec la Russie proposé par l'Empereur, si l'on ne retirait la proposition de réduction de tarifs sur les grains de la Prusse Orientale. Le Gouvernement prussien fut, pour un temps, obligé de céder.

Plus tard, le ministre des chemins de fer accorda les billets d'aller et retour à bon marché aux paysans provenant de la Prusse Orientale et se rendant dans la région de l'Elbe pour y faire la moisson. C'était un grand avantage pour les fermiers de l'Elbe et aussi pour les journaliers qui trouvaient ainsi un supplément bien nécessaire à leurs maigres salaires. Mais les propriétaires et les fermiers de la Prusse Orientale objectèrent que ce système faisait hausser les salaires de leur région et le Gouvernement se trouva obligé de relever le prix des places.

Le ministère des chemins de fer n'eut pas seulement à se débattre entre les intérêts opposés des agriculteurs des différentes régions ; les difficultés avec l'industrie ne furent pas moins grandes. Il existe de grandes rivalités entre plusieurs districts manufacturiers et la question des tarifs influe si fortement sur la balance des profits et pertes qu'elle devient une question absolument vitale. Le district de la Ruhr, par exemple, à l'Est du Rhin et au Nord de Cologne, est pour le fer, l'acier et le charbon, une des régions les plus importantes du Continent. A environ 220 miles au Sud-Ouest se trouvent les grands gisements de fer du Luxembourg et de la Saar, qui produisent précisément les types de minerais qui conviennent le mieux aux usines de la Ruhr. Comme les industriels du Luxembourg et de la Saar ont réussi à empêcher toute réduction de tarif qui aurait permis de transporter ces minerais dans la région de la Ruhr, les industriels de Westphalie en sont réduits à importer des minerais de Suède et d'Espagne.

« Quel contraste, dit M. Meyer, entre l'élasticité, la « facilité d'adaptation du système américain qui per- « met des changements stupéfiants et le système alle- « mand! Qui ne se rappelle que depuis 1886 le Gou- « vernement prussien a refusé d'accorder les tarifs né- « cessaires pour permettre le transport du minerai de « fer d'Alsace-Lorraine aux points où l'on extrait le « meilleur charbon à coke ; par suite, la métallurgie « du district de la Ruhr a dû faire venir d'Espagne et « de Suède des quantités de plus en plus grandes de « minerai. Les chemins de fer allemands ne permet- « tent pas davantage de transporter le coke à bon « compte là où il y a du minerai de fer. L'homme qui « proposerait d'amener à Dantzig le charbon de la « Ruhr, le minerai suédois et la houille silésienne se « ferait regarder comme un dangereux novateur, un « ennemi public, acharné à dissiper les revenus de « l'État et à ruiner les industries établies (1). »

M. Meyer donne encore d'autres exemples ; mais ceux qui précèdent suffisent sans doute à montrer pourquoi l'État maître des chemins de fer, loin d'abaisser les tarifs, tend à les maintenir à un prix élevé.

Au contraire, grâce à la liberté relative de nos chemins de fer, nous ne connaissons point chez nous de telles difficultés. Le minerai de fer et la houille sont l'un et l'autre nécessaires à la production du fer, et les mine-

---

(1) Meyer, *Government Regulation of Railway Rates.*

rais les plus riches sont souvent à quelque distance du charbon nécessaire à leur transformation. Le docteur Benmer, éditeur du *Stahl und Eisen*, a calculé que les frais de transport, en Angleterre, entrent pour 10 % dans le prix de revient total du fer, tandis qu'ils sont de 23 % en Allemagne.

Une autre preuve de la mauvaise administration des chemins de fer par l'État, en Prusse, est la tendance qui se manifeste à revenir aux canaux. Là où les chemins de fer sont bien administrés, ils doivent l'emporter (excepté dans des cas spéciaux) sur les canaux par suite de leur vitesse plus grande, et aussi parce qu'ils se rejoignent et se recoupent. Un embranchement permet toujours en effet d'atteindre une ligne principale, tandis qu'avec les canaux, des transbordements s'imposent nombreux.

En dehors de ces désavantages commerciaux, il existe encore un grave inconvénient que le Gouvernement prussien a appris à connaître à ses dépens.

« Les griefs des électeurs contre l'administration
« des chemins de fer pèsent lourdement sur la politique
« particulière de l'État prussien et sur la politique na-
« tionale de l'Empire. C'est au point que les députés
« approuvent ou rejettent les mesures les plus impor-
« tantes proposées par le Ministère prussien ou le Gou-
« vernement impérial, selon qu'ils ont fait droit ou
« non à leurs réclamations touchant les tarifs de che-
« mins de fer.

« Le débat sur la loi des canaux a déchaîné un con-
« flit entre les intérêts locaux et les intérêts de classe.
« Et cela a désillusionné beaucoup de gens qui, sur la
« foi des économistes adversaires d'Adam Smith,

« s'imaginaient que l'État pouvait se faire entrepre-
« neur de transports, favoriser l'industrie naissante et
« intervenir de mille manières dans les affaires d'ar-
« gent des particuliers sans réduire la politique « à un
« bouillonnement d'innombrables intérêts locaux sans
« cesse en conflit et presque toujours incapables de se per-
« dre dans le grand courant du sentiment national (1). »

M. von Miquel, ministre des finances de Prusse, crut
devoir donner sa démission par suite de l'attitude
prise par le Parlement à l'égard de la loi des canaux.
Peu de temps après, il disait :

« Si les chemins de fer des États particuliers étaient
« transférés à l'Empire, le Reichstag ne manquerait
« pas de réclamer le droit de fixer et de reviser les
« tarifs. Mais le jour où ce pouvoir serait accordé
« marquerait le commencement de la corruption du
« corps électoral en Allemagne. Déjà le caractère des
« électeurs allemands est tel qu'ils ont envoyé au
« Reichstag des représentants qui se demandent non pas
« comment telle ou telle mesure servira les intérêts de
« la commune patrie, mais si elle favorisera les intérêts
« particuliers de leurs électeurs. Laisser au Reichstag
« la haute main sur les tarifs de chemins de fer serait
« un malheur pour la politique allemande aussi bien que
« pour le développement économique du pays (2). »

La nationalisation des chemins de fer a encore bien
d'autres inconvénients, par exemple :

« En Allemagne, l'État propriétaire des chemins de
« fer a été amené à établir cette doctrine que nul pro-

____

(1) Meyer, *Government Regulation of Railway Rates.*
(2) Meyer, *Railway Rates.*

« ducteur ne peut être privé des avantages que lui con-
« fère sa position géographique. Il n'y a pas, en ce
« pays, de tarifs d'ensemble pour le transport du lait.
« Et c'est ainsi qu'en l'an de grâce 1902, la maison
« von Bolle avait dans ses étables, en pleine ville de
« Berlin, 14.000 vaches laitières, fournissant du lait à
« 50.000 familles. Il y avait, en outre, dans la banlieue,
« des centaines de laiteries, et dans chacune un nom-
« bre considérable de vaches laitières (1). »

L'absurdité de ce système est évidente.

Dans toute la ville de Londres, le nombre des vaches
est inférieur à 4.500 (2).

L'exploitation des chemins de fer par l'État produit
les mêmes effets en Autriche-Hongrie, en Saxe et dans
les autres États d'Europe ; on peut en donner de nombreux exemples.

En Russie :

« C'est la même paralysie des chemins de fer due aux
« rivalités commerciales et qui a pour résultat le deve-
« loppement du trafic par eau.

« Lors de l'ouverture du transsibérien, en 1896, les
« agriculteurs de la Russie Occidentale prétendaient
« qu'on ne devait pas les exposer à la concurrence du
« blé sibérien provenant du bas prix de la terre dans

---

(1) H -R. Meyer, *Government Regulation of Railway Rates*
(*Zeitung des Vereins Deutscher Eisenbahnverwaltungen*, 29 octobre 1902).

(2) *Report of the Public Health Committee of the London
County Council*, 1904. M. Gomme, secrétaire du Conseil, a bien
voulu m'informer que ce chiffre était toujours exact.

« cette contrée. Ils réussirent à obtenir du gouverne-
« ment des tarifs prohibitifs, si bien qu'il est devenu
« impossible de développer, comme il le faudrait, les
« énormes ressources en blé de la Sibérie qui n'est à
« même d'exporter ses grains qu'en cas de mauvaises
« récoltes dans les régions qui fournissent d'ordinaire
« l'Europe Occidentale » (1).

En France, l'Etat n'exploite pas directement les chemins de fer, mais il les tient sous un contrôle rigou-
reux. Il ne leur permet pas d'abaisser leurs tarifs sans
autorisation, et les oblige à les maintenir toujours de
20 °/₀ supérieurs à ceux des canaux. Ajoutons que le
Gouvernement français a contribué pour environ
£ 200.000.000 à la construction des chemins de fer et
qu'il leur verse chaque année quelques millions sous
forme de garantie d'intérêts (2).

Dès lors les chemins de fer voient leurs dividendes
assurés ; et comme ils n'ont à craindre aucune concurrence, ils n'ont en vérité guère d'intérêt à abaisser
leurs tarifs, à étendre leur réseau et à tenir compte des
besoins de leur clientèle. On a vu, dans le chapitre précédent, combien leurs trains rapides sont lents et rares
à côté des nôtres et combien d'entre eux prennent des
voyageurs de 3ᵉ classe.. Là aussi nous constatons la
déplorable intervention de la politique dans les
affaires et les députés ont souvent à faire pression sur le Gouvernement pour construire des lignes
qui ne sauraient couvrir leurs frais.

M. Waddington, ancien ambassadeur de France à

---

(1) Meyer, *Government Regulation of Railway Rates.*
(2) Acworth, *The Railways and the Traders.*

Londres, dans un rapport officiel sur les chemins de fer de son pays, déclare que les chemins de fer français, qui n'ont à craindre aucune concurrence, donnent au public moins d'avantages que les chemins de fer anglais, et demandent un traitement différent » (1).

Pour l'Autriche, dit lord Farrer, le service de Vienne au Nord-Ouest de l'Europe est en général très mauvais, et il est étrange qu'il n'y ait pas un express de Vienne sur Francfort et Cologne qui assurerait aux Autrichiens un meilleur rendement par mile parcouru (2).

Sur la ligne de Saint-Pétersbourg à Moscou la vitesse des meilleurs express est de 29 miles.

Nous nous plaignons souvent des lignes qui desservent nos campagnes, mais nos trains y sont beaucoup plus rapides et nombreux que sur celles du continent (3).

Aux Etats-Unis, les chemins de fer sont tous entre les mains des particuliers, mais certains Etats ont nommé des commissaires pour vérifier les tarifs et il est remarquable de constater que les efforts ont tendu en général non pas à abaisser les tarifs mais plutôt à empêcher leur réduction. Les commissions compétentes ont donné de leur conduite des raisons multiples : nécessité de protéger les canaux, de défendre telle ville contre telle autre, d'empêcher les produits d'une région éloignée de venir concurrencer ceux du pays même, et ainsi de suite. Si les tarifs de transport avaient été entre les mains des États, ils seraient sensiblement plus élevés qu'aujourd'hui. Pourtant la Cour suprême a souvent cassé

----

(1) Farrer and Giffen, *The State in its Relation to Trade.*
(2) Foxwell et Farrer, *Express Trains.*
(3) *Ibid.*

des décisions dans ce sens comme contraires aux lois et nuisibles au commerce.

Passant à nos colonies, M. Meyer dit qu'en Australie « les intérêts d'une classe puissante l'ont emporté sur « ceux du pays en général. En Amérique, cette même « classe a dû se soumettre à une sorte de compromis « entre les intérêts en conflit. Mais une telle solution « ne peut intervenir que par le libre jeu des forces « commerciales qui est la caractéristique des pays où « les industries sont entre les mains des particuliers et « où la réglementation par l'État est réduite au mini- « mum (1). »

J'ai déjà montré (v. plus haut, page 48) comment ces lignes ont été exploitées dans l'intérêt des employés, au détriment de la communauté en général.

Les différentes colonies refusent de collaborer avec leurs voisines pour favoriser le commerce et l'industrie.

« Les deux plus importantes, celles de Victoria et de « la Nouvelle-Galles du Sud, gardent encore des me- « sures de jauge différentes ; elles élèvent en fait les « tarifs pour les marchandises envoyées d'une colonie « sur l'autre, et la Nouvelle-Galles refuse de raccorder « ses lignes du Sud-Ouest à celles de Victoria, par « crainte de détourner vers Melbourne le commerce de « Sydney (2). »

D'après Foxwell et Farrer, le meilleur express de l'Inde, celui de Bombay à Calcutta, atteint seulement la vitesse de 24 miles, arrêts compris (3).

---

(1) H. R. Meyer, *Government Regulation of Railway Rates.*
(2) *Ibid.*
(3) Foxwell and Farrer, *Express Trains.*

Il n'y a pas bien longtemps, M. Horace Bell, qui appartient à l'administration des chemins de fer du Gouvernement de l'Inde, a soumis à la Société des Arts une très intéressante étude. Il indiquait qu'il avait été tout d'abord un partisan convaincu de l'exploitation par l'Etat, mais les résultats de son expérience l'avaient ensuite convaincu que « le seul moyen de « donner une vitalité nouvelle et vigoureuse aux che- « mins de fer de l'Inde était d'y amener un afflux de « capitaux privés s'employant librement et sans res- « triction : ce qui implique l'abandon graduel mais « total de l'exploitation par l'Etat. »

Et il continuait ainsi :

« J'ai attiré l'attention sur ce que j'appellerai volon- « tiers l'élément pernicieux de la politique actuelle du « Gouvernement, c'est-à-dire l'idée que l'Etat doit con- « tinuer à exercer une action directe dans la construc- « tion et l'exploitation des chemins de fer. J'ai montré « que cela est incompatible avec une vitalité réelle « de l'industrie privée que nous regardons pour de « telles entreprises comme le dernier et seul agent « efficace (1).

Sir Juland Danvers, qui s'occupa lui aussi des che- mins de fer indiens depuis leur origine, pour le compte du Gouvernement, s'exprime ainsi avec une expérience peut-être sans égale :

« La meilleure manière de mener à bien une entre- « prisé de chemins de fer, c'est encore d'en confier la

---

(1) *Recent Railway Policy in India*, par Horace Bell, membre de l'Institut des Ingénieurs civils. — *Journal of Society of Arts*, n° 2371, XLVI, 537.

« question à une compagnie. Telle semble être mainte-
« nant l'opinion du Gouvernement. Les chemins de fer
« sont des affaires commerciales ; ils doivent être remis
« de préférence à des gens qui les administreront selon
« des méthodes commerciales. Si l'on avait à choisir
« entre l'Etat et une compagnie, c'est en somme cette
« dernière qu'il faudrait préférer (1).

En fait, les résultats ont été si peu satisfaisants que
le Gouvernement a désigné récemment M. Thomas
Robertson pour faire un rapport sur l'administration
et l'exploitation des chemins de fer de l'Inde (2). Après
une consciencieuse enquête, le rapporteur a abouti à
la conclusion suivante :

« L'exploitation des chemins de fer indiens n'est
« pas du tout satisfaisante. Mais j'attribue ce résultat
« plutôt aux vues du système lui-même qu'à l'action
« individuelle de tels ou tels fonctionnaires des che-
« mins de fer ou du Gouvernement... Après de lon-
« gues et troublantes réflexions, la conclusion s'est im-
« posée à mon esprit que, seule, une réforme radicale
« produirait une amélioration durable. Si l'on ne veut
« arrêter le développement des chemins de fer dans
« l'Inde, et si l'on veut qu'ils rendent pleinement au
« pays tous les services dont ils sont capables, il faut
« les exploiter comme des entreprises commerciales
« plus qu'on ne l'a fait jusqu'ici. »

D'après lui, la vitesse moyenne n'est pas aussi grande
qu'on pourrait l'attendre ; elle est « lente au point d'en-

---

(1) *Journal of Society of Arts*, n° 2371, XLVI, 537.
(2) *Report on the Administration and Working of India Railways*, par T. Robertson. C. V. O., 1902.

traver sérieusement le développement du trafic », et pour que les tarifs indiens soient relativement égaux à ceux de l'Angleterre, il faudrait abaisser les tarifs actuels : de 18 à 40 % pour les voyageurs, de 30 à 60 % pour les marchandises courantes et de 40 à 60 % pour le charbon. Un effet plus important encore et plus fâcheux de la politique du Gouvernement a été l'arrêt qu'elle a provoqué dans la construction. Les capitalistes, à qui l'on parlait de chemins de fer, se sont dits tout naturellement que si l'affaire était bonne le Gouvernement l'entreprendrait et, par suite, les capitaux anglais sont allés ailleurs.

Veut-on connaître les résultats de cette ingérence du Gouvernement dans la construction des railways ? On trouvera une excellente leçon de choses en comparant l'Inde avec l'Argentine, où la construction et l'exploitation des chemins de fer ont été sagement abandonnées à l'initiative privée. La population de l'Inde dépasse 290 millions d'habitants (chiffre de 1904), et on y trouve 27.000 miles de chemins de fer, soit 1 mile pour 11.600 habitants. En Argentine, la population est en grande partie espagnole et le pays est agricole. De plus, le Gouvernement a été en butte à de grosses difficultés financières. Néanmoins, pour une population de 4 millions 1/2, on y trouve 12.000 miles de railways (la plupart construits avec des capitaux anglais), soit 1 mile pour 450 personnes. Si, dans l'Inde, le rapport des chemins de fer à la population était le même, il y aurait, non pas 25.000 mais 644.000 miles de chemins de fer. Mais pourquoi, dira-t-on, les capitaux anglais s'en vont-ils faire des chemins de fer à l'étranger et non dans l'Inde qui est une partie de notre Empire ? C'est que, lorsque le Gouvernement intervient, tout le monde se retire de la lice. On se dit tout naturellement, quand on propose une ligne à l'entreprise privée, que, si elle était bonne, le Gouvernement l'entreprendrait. Pour moi, je ne doute pas que la politique des divers gouvernements qui se sont succédés n'ait eu à ce point de vue sur la prospérité de l'Inde un effet profondément désastreux.

En Italie, les chemins de fer ont été récemment rachetés par l'Etat et M. Crispi nous dit que le service est bien plus mauvais qu'auparavant ; il y a eu une grave diminution du revenu « sans parler du préjudice incalculable causé au commerce et à l'industrie du pays par la lenteur du trafic » (1).

Dans nos colonies, l'action paralysante de l'Etat est mise en pleine lumière par ce fait que, dans les dix dernières années, le nombre de miles de tramways en construction a été : en Victoria de 400, en Nouvelle-Zélande, 300 ; et dans l'Australie du Sud, 291.

M. Meyer résume ainsi son argumentation :

« Il y a un grand contraste entre le système élas-
« tique de l'Amérique et la rigidité du régime alle-
« mand. La fixation des tarifs par l'autorité publique
« a détruit le commerce d'importation du pétrole à
« Brême, empêché cette place d'entreprendre l'expor-
« tation du sucre, le principal article d'exploitation de
« l'Allemagne ; elle a rendu nécessaire le doublement
« du chemin de fer de Berlin à Stettin par un canal
« qui portera des bateaux de 650 tonnes. Même con-
« traste entre les Etats-Unis et l'Australie ; là l'auto-

____

(1) *Times*, 10 décembre 1906.

« torité publique, en fixant les tarifs, a concentré dans
« trois villes maritimes tout le trafic qui eut été
« réparti — si les chemins de fer avaient fait eux-
« mêmes leurs tarifs — entre une demi-douzaine de
« ports et de nombreux centres commerciaux de l'in-
« térieur du pays » (1).

« Nos chiffres montrent clairement, conclut lord Far-
« rer dans une soigneuse comparaison des différents
« peuples, que les pays qui ont laissé le plus libre
« essor à l'initiative privée sont ceux qui ont obtenu
« les meilleurs résultats.

« On oublie souvent qu'en matière d'administration
« les fonctionnaires ne sont après tout que des hommes
« comme les autres. Et même en raison de l'inévitable
« routine administrative, ceux d'entre eux qui ont des
« capacités et des idées originales, ont certainement
« plus de difficulté à les réaliser que les agents des
« entreprises privées. Voilà donc le danger de confier
« aux fonctionnaires un contrôle absolu ; car aussitôt
« que le gouvernement obtient le contrôle de quelque
« chose, l'initiative privée dépérit » (2).

M. Acworth conclut son enquête en ces termes :
« Une étude soigneuse des dépositions des témoins
« m'a convaincu qu'à la longue le contrôle de l'Etat
« ramène le meilleur au niveau du pire. A considérer
« les choses dans leur ensemble, les Compagnies pri-
« vées d'Angleterre et des Etats-Unis desservent mieux
« le public que les chemins de fer de l'Etat, du conti-
« nent et d'Australie et, ce qui est encore plus intéres-

---

(1) Meyer, *Government Regulation of Railway Rates.*
(2) L. c., p. 180.

« sant, elles le desserviront probablement de mieux
« en mieux dans l'avenir » (1).

Feu lord Farrer dit encore : (2)

« Le développement des communications par chemin
« de fer en Grande-Bretagne a été tel, qu'aucune admi-
« nistration d'Etat, même bonne, n'eut pu donner un
« résultat pareil. »

Et certes quiconque examine les faits sans passion
conviendra que l'exploitation des chemins de fer par
l'Etat a été un grand malheur pour le continent,
tandis que notre commerce et notre industrie ont
retiré d'immenses avantages de l'énergie et de l'esprit
d'initiative de nos Compagnies de chemins de fer et de
leurs excellents employés.

---

(1) L. c., p. 7.
(2) Farrer et Giffen, *The State in its Relation to Trade*.

CHAPITRE IX

L'INTÉRÊT DES TRAVAILLEURS

Les partisans de la municipalisation estiment, sans doute, qu'ils travaillent dans l'intérêt des pauvres et en particulier des ouvriers.

Il est donc très important d'examiner jusqu'à quel point leur prétention est justifiée. S'il est réellement de l'intérêt des pauvres et des ouvriers que certaines affaires soient gérées par la Municipalité et non par l'industrie privée, je reconnais que celle-ci doit céder la place.

Les intérêts du plus grand nombre doivent passer d'abord ; la minorité n'a qu'à s'effacer, ou à transporter au-delà des mers sont activité et ce qui lui reste de ces capitaux. C'est peut-être dur pour elle, mais c'est inévitable.

Mais quels sont les véritables intérêts des travailleurs ? Je crois, pour ma part, qu'ils sont liés à ceux de l'industrie privée.

On a vu, au chapitre VII, que la Municipalisation et l'action de ses défenseurs au Parlement ont beaucoup contribué à paralyser non seulement l'effort des particuliers, mais encore l'esprit d'entreprise en général. Ce système n'a pas seulement privé le capital de nombreux emplois rémunérateurs dans la métropole, et fait passer de grosses sommes à l'étranger, mais il a enlevé à des milliers d'artisans anglais le travail et les salaires qu'ils auraient acquis si de plus sages conseils avaient prévalu. Empêchés de construire tramways et chemins de fer, de développer les industries électriques, l'activité et le capital britanniques se sont expatriés, et les étrangers ont profité du travail et des salaires, dont les Anglais ont été privés.

On a vu plus haut que si l'on avait laissé à l'initiative privée un champ aussi libre en Angleterre qu'aux Etats-Unis, nous aurions quatre fois plus de tramways et de chemins de fer à voie étroite. Aux Etats-Unis, il y avait en 1902, 3.620 stations centrales d'électricité, et 457 seulement chez nous.

Nous avons montré également que l'on avait entravé le développement des téléphones pour ne pas gêner celui des télégraphes, qu'enfin on avait si bien découragé et arrêté l'industrie électrique que nous en étions réduits à importer d'Amérique ou d'Allemagne une grande partie de notre matériel. Ajoutez tout le confort et les commodités que le pays a perdus grâce à cette politique — la congestion des grandes cités que des tramways plus nombreux auraient soulagées — et vous jugerez ce que cela représente, pour nos ouvriers, de travail et de salaires perdus.

M. Meyer, dans son intéressant ouvrage, l'a démontré en comparant la situation des employés des téléphones, des tramways et industries électriques, dans les districts urbains d'Angleterre et des Etats-Unis.

En 1906, il y avait chez nous 13.000 personnes employées aux téléphones, contre 79.000 aux Etats-Unis. En proportion nous aurions dû avoir au moins

50.000 employés, et cela pour leur plus grand bien, ainsi que pour la plus grande commodité du public.

En 1902, les 3.620 stations centrales de lumière électrique des Etats-Unis occupaient en moyenne 8 agents chacune, soit en tout 30.300 employés. Quatre années plus tard, en 1906, nous n'avions, en Grande-Bretagne, que 384 stations. Si nous avions été aussi bien desservis que les États-Unis, nous en aurions eu 1.260 employant 7.000 personnes de plus.

En 1902, les États-Unis avaient 21.300 miles de railways, surtout dans les districts urbains, employant 6,5 agents par mile. En 1906 nous en avons seulement 3.040 miles, tandis qu'en proportion, nous aurions dû en avoir 14.000 ; et 71.500 personnes de plus y auraient trouvé de l'ouvrage.

Ainsi une politique mieux comprise aurait fourni du travail à 37.000 personnes de plus dans les téléphones, 7.000 dans l'éclairage électrique, et 71.500 dans les chemins de fer urbains ; soit au total 115.000 emplois pour ces trois industries. Sans doute, il y aurait quelques corrections à faire sur ces chiffres, mais d'autre part on peut ajouter que les fabriques de rails et autres fournitures pour tramways, téléphones et machines électriques auraient été stimulées, et auraient fourni du travail à des milliers d'ouvriers supplémentaires. Il est vraiment déplorable que nos industries électriques aient été entravées et paralysées de telle manière et que les fabriques d'appareils électriques aient été écartées de notre pays, au profit des Allemands et des Américains.

J'ai montré plus haut, d'après l'autorité la plus compétente, combien les chemins de fer administrés par des compagnies en Grande-Bretagne et aux États-Unis sont supérieurs en bon marché, en vitesse, en nombre, aux chemins de fer de l'État et comme ils sont mieux adaptés aux besoins du public, tout particulièrement en ce qui concerne les classes ouvrières. Les voyageurs de troisième classe ont à leur disposition des trains moins nombreux et plus lents, sur les chemins de l'État, que sur ceux d'Angleterre et d'Amérique.

« Quelqu'un, dit Mr. Acworth (1), qui essaierait de « soutenir que les voyageurs de troisième classe quant « au confort, à la rapidité et à la fréquence du service « sont aussi bien traités sur le continent qu'en « Angleterre, réussirait seulement à se rendre ridi-« cule. »

En outre, les ouvriers ne comprennent pas encore, je crois, combien ils ont à souffrir du prodigieux accroissement de la Dette Nationale et de la Dette Municipale, qui a atteint £ 130.000.000 en 10 ans. Sans doute c'était en partie, et peut-être même en grande partie, inévitable ; mais c'est également en très grande partie dû soit à des dépenses qui n'avaient rien de nécessaire, soit, pour les dépenses utiles, aux méthodes extravagantes employées. Il est bien évident que plus nous avons à payer d'impôts et de taxes, moins il nous reste de disponible pour nos autres dépenses, dont la plupart est consacrée à la rémunération des travailleurs.

---

(1) *The Railways and the Traders.*

Mr. Sims, dont la sympathie et le dévouement aux pauvres sont bien connus, écrit :

« On se trouve dans la situation absurde suivante :
« d'une part on impose aux classes moyennes des taxes
« toujours plus élevées et d'autre part, on diminue
« leurs moyens de gagner assez pour y faire face sans
« gêne.

« Dans quelques-uns de nos quartiers les plus déplo-
« rablement pauvres, la misère est chronique. Des
« industries qui employaient des milliers de bras ont
« été obligées de se déplacer, par suite de la politique
« inconsidérée de ceux qui prétendaient .— et sans
« doute dans beaucoup de cas ils étaient sincères —
« défendre la cause du travail. Par suite, un grand
« nombre d'habitants de ces quartiers sont sans travail,
« ou ne trouvent que des travaux d'occasion, et il faut
« leur venir en aide avec les ressources des impôts. Il
« a donc fallu augmenter les taxes, et cela au moment
« précis où de nombreux contribuables, affectés direc-
« tement ou indirectement par la crise industrielle,
« voyaient diminuer leurs revenus. Des milliers de
« petits contribuables ayant été ruinés, ou contraints de
« quitter la ville, les charges n'ont pesé que plus
« lourdement sur ceux qui restaient. Ce qui est arrivé
« dans ces quartiers menace non seulement la capitale,
« mais une grande partie du royaume (1). »

« Comment les affaires pourraient-elles être floris-
« santes, si l'on diminue de plusieurs millions par an
« les revenus des contribuables, et si ces millions sont

______

(1) *The Bitter Cry of the Middle Classes*, par George R. Sims. *The Tribune*, 17 juillet 1906.

« dépensés au hasard, par ceux qui regardent les
« classes moyennes — sur qui retombe principale-
« ment la charge des impôts — comme une proie qu'on
« peut légitimement dépouiller ? »

Sir J. W. Benn, membre du Parlement, qui fut, dès
le début du London County Council, un des défenseurs les plus autorisés et les plus actifs de la municipalisation, a reconnu récemment les désastreux effets
de cette politique de prodigalités.

Dans un discours sur le projet de loi des tarifs agricoles, il s'exprimait ainsi :

« A Londres, la situation des contribuables est de-
« venue critique. L'accroissement des taxes a contraint
« les industries à quitter la ville par douzaines. Pour
« le seul quartier de Devonport que je représente, je
« pourrais donner des chiffres qui, bien que sur une
« petite échelle, seraient pourtant concluants. »

Il n'est pas étonnant de voir l'industrie du bâti-
ment péricliter. Sans l'accroissement des impôts plus
d'un particulier aurait embelli sa maison, plus d'une
compagnie de chemin de fer aurait agrandi ses
gares, donné au public quelque nouvelle satisfaction
et fourni en même temps du travail aux manœuvres
et aux ouvriers.

Si les employés des municipalités reçoivent les mêmes salaires et travaillent dans les mêmes conditions
que ceux de l'industrie privée, que leur importe s'ils
travaillent pour une municipalité, une compagnie ou
un simple particulier ? Si, d'autre part, ils ont des salaires plus élevés, s'ils font des journées plus courtes,
le coût de leur production devient plus fort, et par
suite, une classe privilégiée se constitue aux dépens

de la généralité des classes laborieuses qu'il faut alors imposer pour accorder des gages exceptionnels à un petit nombre de favorisés.

La question qui se pose n'est, du reste, pas uniquement de savoir si le gaz ou les tramways doivent être municipalisés. Les partisans des entreprises municipales désirent, nous l'avons vu, abolir l'entreprise privée et la remplacer par la socialisation. C'est donc à ce point de vue plus général qu'il faut étudier le problème. Si c'est une faute que de détruire les entreprises privées, n'oublions pas combien tout mouvement, dans ce sens, augmente les difficultés du recul.

Les socialistes déclarent, à la vérité, qu'ils ne font pas la guerre au « capital » mais au « capitalisme ». Mais si vous chassez les capitalistes, n'emporteront-ils pas le plus qu'ils pourront de leur capital ?

En outre, le capital ne pense pas. Les capitalistes représentent, en grande partie, la tête et le cerveau de l'industrie, et le travail de pensée est celui qui, pour l'homme, est le plus difficile. Même si, comme il est arrivé souvent, un ouvrier de génie fait une importante invention ou une découverte géniale, il a toujours besoin d'avoir recours non seulement au capital, mais au capitaliste. C'est le capitaliste qui organise les usines. Hargreaves et Arkwright firent presque la même invention (1). Mais Hargreaves ne trouva pour l'aider aucun capitaliste, et il mourut pauvre ; Arkwright trouva Strutt, il mourut riche. En fomentant des conflits entre le capital et le travail, les socialistes se montrent en réalité les plus mortels ennemis de l'ouvrier.

____

(1) Inventeurs de la machine à filer dite « *Mule Jenny* » qui au milieu du xviiie siècle révolutionna l'industrie cotonnière. (*N. du Trad.*)

N'oublions pas que nous avons à entretenir une population dense et entassée sur une surface relativement étroite. Aujourd'hui nous recevons comme revenu de nos placements à l'étranger un peu plus de 90 millions de £ par an, et 90 millions de £ pour prix des transports de notre marine marchande. Ces 180 millions sont dépensés principalement en salaires. Si les socialistes chassent le capital, ce sera autant de perdu pour les salariés. Le reste de ce qui nous est nécessaire pour l'entretien de notre peuple est payé par les produits que nous fabriquons. Mais il ne suffit pas de produire des marchandises, il faut encore leur trouver des acheteurs. La concurrence est très dure. Une différence de 5 % sur les prix peut faire perdre ou gagner un marché.

Si les socialistes l'emportent, si chacun en prend à son aise, si les chefs d'entreprise apportent moins d'intelligence et d'attention aux inventions et découvertes, au perfectionnement de leur machinisme, à la recherche de procédés et de modèles nouveaux ; si les ouvriers s'efforcent de travailler le moins possible, au lieu de faire tout ce qu'ils peuvent, il est impossible que nous puissions maintenir notre situation sur les marchés du monde, et nous ne pourrons plus subvenir aux besoins d'une population aussi nombreuse que celle d'aujourd'hui. En outre, les travailleurs (et les employeurs aussi sont des travailleurs autant, sinon plus, que les ouvriers) estimeront qu'il est non seulement plus avantageux, mais plus intéressant, de garder toute leur application pour des choses plus élevées et « de tourner le dos » à leur travail. Le travail fait sans enthousiasme est pénible et ennuyeux ; mais qui-

conque y met tout son courage et toute son application —
car on travaille avec sa volonté autant qu'avec ses mains
— trouve dans sa tâche une source de fierté et de joie.

Mr. Keir Hardie, dans un discours prononcé à Liverpool le 5 septembre 1906, nous déclare que ses amis
et lui se proposent de « remplacer les querelles et les
conflits de notre société mercantile, par la mutualité
fraternelle du socialisme ». Nous devons toutes nos
sympathies au désir de M. Keir Hardie de changer la
« discorde » en « fraternité ».

Mais il suppose deux choses qui ne sont pas exactes
quoique renfermant toutes deux quelques parcelles de
vérité.

D'abord, l'entreprise individuelle n'implique pas né-
cessairement la discorde, et la lutte sans merci. Il y a
des luttes qui sont bienfaisantes et non mauvaises ;
par contre, l'impatience et l'irritabilité sont une faute
en affaires comme ailleurs.

Je ne pense pas, comme semble le croire Mr. Keir
Hardie, que la « discorde » soit une conséquence nécessaire de l'entreprise privée. Au contraire, il importe
pour obtenir un succès durable, de conserver du sang-
froid et du calme, en évitant l'irritabilité. Parmi les
meilleurs hommes d'affaires, il en est beaucoup qui,
selon les belles paroles de Keble, « portent une musique
« dans leur cœur — à travers les ruelles sombres et les
« entrepôts pleins de cris, — marchant chaque jour à
« leur tâche d'un pied plus léger, — parce que dans le
« secret de leurs âmes, chante un refrain sacré » (1).

Les Ecossais sont remarquablement heureux en

____

(1) *Christian Year*, St *Matthew's Day*.

affaires, comme en toutes choses. Ils sont froids et avisés, laborieux et industrieux sans doute, mais aussi religieux et bien pensants. Bien loin de regarder l'esprit combattif comme une condition nécessaire du succès, je le regarde, au contraire, comme devant, à la longue, conduire inévitablement à la faillite.

En second lieu, sommes-nous bien certains que dans l'entr'aide fraternelle du socialisme, il n'y aura ni querelles, ni malveillance, ni jalousies, ni haines? Même dans le socialisme, il y aura des grades et des distinctions, des conflits d'appointements et de salaires, de nominations et d'avancement. Tout cela ne provoquera-t-il pas beaucoup d'espoir et de désappointements dans les halls des villes, comme aujourd'hui dans les bureaux des Compagnies?

Par le mot « lutte » (struggle) l'orateur ne veut évidemment pas dire la lutte d'homme à homme, car ce serait la même chose que ce qu'il a appelé « querelle » (strife). Je suppose donc qu'il a entendu parler de « l'effort ». Mais s'il veut abolir ou affaiblir cet instinct, — et je reconnais que ce sera, sans doute, l'inévitable résultat du socialisme, tellement il y a d'hommes naturellement indolents — il est clair que la production nationale sera beaucoup moindre qu'à présent. Il n'est pas possible aux socialistes de dire que si la production diminue, elle sera du moins plus également répartie, parce qu'on aura préalablement confisqué ou chassé le capital. Il n'en reste pas moins vrai que la nation, dans son ensemble, aura moins de luxe, de confort, même moins de facilités dans les choses nécessaires à la vie, et que les ouvriers et les manœuvres en souffriront comme les autres.

On a vu plus haut ce qu'il en coûte à notre pays de laisser nos conseillers municipaux occuper leurs moments de loisir à jouer aux industriels. Mais nous ne pouvons nous arrêter là : il nous faut envisager les résultats de cette politique si on la pousse à ses dernières conséquences. Les socialistes, à ce point de vue, se sont ouverts très franchement. Ils nous ont déclaré, sans ambage, que leur but est « de favoriser toutes « les formes de l'industrie municipale qui tendent à « substituer la socialisation au capitalisme privé (1). »

La confédération des Mineurs, à son congrès de Swansea, a décidé que « tous les moyens et instru- « ments de production, distribution et échange devaient « être possédés et contrôlés par l'Etat (2) »

« Le programme socialiste pour les prochaines élec- « tions au County Council de Londres comporte la « création d'ateliers municipaux, magasins munici- « paux, boulangeries et laiteries municipales, cottages « municipaux, billets de chemin de fer gratuits pour « les ouvriers allant au travail et en revenant, mines « et magasins de charbon municipaux, colonies agri- « coles pour les sans-travail payées par une taxe sur « les revenus provenant de l'industrie privée, fabri- « ques municipales de vêtements. Et toutes ces mesu- « res, nous dit-on, ne sont que « les degrés qui mènent « au socialisme intégral (3). »

D'autre part, il a été, je crois, nettement établi que les gouvernements et les municipalités ne peuvent

---

(1) Résolution adoptée à la conférence de Burnley de la *Social Democratic Federation*.

(2) *Times*, 6 octobre 1906.

(3) *The People*, 30 septembre 1906.

donner le même soin, la même attention aux détails de leurs affaires que les simples particuliers et les compagnies privées.

Dès lors, les services et les produits deviendront forcément plus coûteux. La production nationale diminuera. Mais les salaires se trouvant limitativement régis et déterminés par la concurrence étrangère, les filatures et fonderies municipales ne pourront élever les salaires sans perdre leurs débouchés. En outre, comme gouvernements et municipalités ne voudront pas agrandir leurs usines ou perfectionner leur outillage aussi rapidement que les firmes particulières et les compagnies privées, ils diminueront le nombre de leurs ouvriers. Le surplus ne pourra pas, comme maintenant, se rabattre sur l'industrie privée, car celle-ci aura disparu, ou plutôt aura passé la mer. Il en résultera qu'avec les mêmes salaires qu'aujourd'hui, et peut-être avec des salaires plus bas, les ouvriers devront payer plus cher les objets de première nécessité.

Mais ce n'est pas tout. A présent, les travailleurs sont libres. Ils peuvent choisir leur employeur et leur emploi. Sous le nouveau régime, cela ne sera plus possible. Ils ne pourront choisir leur employeur, car il n'y en aura plus qu'un, et ne pourront pas non plus choisir leur emploi, car si l'Etat ou la municipalité deviennent responsables pour eux, ils se trouveront par cela même sous leur dépendance et forcés de faire ce qui leur est commandé. Aujourd'hui, si leur patron ou leur travail ne leur plaît pas, ils peuvent en changer. Cela deviendra impossible sous le nouveau régime qu'ils se seront créé eux-mêmes. Les socialistes le reconnaissent franchement. La Fabian Society le déclare :

« Chaque citoyen aurait le droit de gagner sa vie
« dans la société où il est né, mais nul n'aurait ni ne
« pourrait avoir le droit de réclamer un emploi parti-
« culier conforme à son goût ou à son tempérament
« propre. Chacun de nous doit être préparé à faire ce
« dont la société a besoin, ou à subir les conséquences
« de son refus (1). »

Mais qui déterminera « ce dont la société a besoin ? » Quelque haut fonctionnaire. Je suis surpris,
en vérité, de voir les socialistes disposés à abandonner
leur liberté personnelle et se réduire au rang d'esclaves,
car la bureaucratie est la pire forme de la tyrannie.

Les salaires des filatures et des fonderies et autres
industries du même genre ne sauraient être élevés
par l'État ou les municipalités de peur de perdre
les débouchés étrangers ; or, ils détermineront le taux
général des salaires, car je présume qu'on s'efforcerait
de payer autant que possible au même prix, les travaux demandant même effort et même habileté. En
outre, nous serions tous obligés de faire la tâche fixée
par l'autorité au lieu de la choisir nous-mêmes. En fait,
nous serions les esclaves d'une bureaucratie qui serait,
dans ces conditions, beaucoup plus autocratique que
celle de la Russie.

C'est là un point très important à considérer.

Comme le dit Herbert Spencer :

« Il faut songer un peu à la carte à payer. Les fonc-
« tionnaires ne peuvent créer les choses nécessaires à
« la vie ; ils ne peuvent que répartir entre les individus
« ce que ces individus ont produit tous ensemble. Si

---

(1) *Fabian Tract*, nᵒ 127. Socialism and Labour Policy.

« l'autorité publique est chargée de les approvisionner,
« il faut que, réciproquement, ils lui en fournissent les
« moyens.

« Mais il ne peut y avoir, comme dans le système
« actuel, accord entre les employeurs et les employés,
« et cela par définition. Dès lors, il est nécessaire que
« les autorités locales commandent aux ouvriers, et
« que les ouvriers acceptent la tâche qui leur est im-
« posée (1). »

John Stuart Mill disait avec raison :

« Si les chemins de fer, les banques, les assurances,
« les grandes sociétés par actions, les universités et les
« fondations charitables deviennent des services d'Etat;
« si, en outre, les Municipalités et les administrations
« locales, avec tout ce qui déjà dépend d'elles, devien-
« nent de simples branches de l'administration cen-
« trale ; si les employés de toutes ces entreprises sont
« nommés et payés par le Gouvernement, et s'ils atten-
« dent de lui toute amélioration de leur sort, il n'est
« pas alors de liberté de la presse, ni de constitution
« politique, si démocratique qu'elle soit, qui puisse
« faire de ce pays ou de tout autre un peuple libre
« autrement que de nom (2). »

En résumé, pour la classe ouvrière, les résultats seront
les suivants : raréfaction du travail, abaissement des
salaires, augmentation du coût de la vie — et ce qui
est le pire malheur — suppression presque absolue de
la liberté individuelle.

---

(1) Spencer : *l'Individu contre l'État.*
(2) J. Stuart Mill : *On Liberty.*

CHAPITRE X

ÉLECTEURS NON CONTRIBUABLES ET CONTRIBUABLES NON ÉLECTEURS

C'était, au temps jadis, un axiome du parti libéral que droit de vote et paiement des taxes sont deux choses inséparables, et que celui qui paie les violons doit aussi choisir la musique.

Mais aujourd'hui, nos hommes d'Etat ont si bien fait que les plus gros contribuables ne votent pas et que des milliers d'électeurs ne payent pas d'impôts. Qui s'étonnera qu'un tel système nous ait amenés aux pires extravagances. Quand un groupe d'individus paie et que l'autre dépense, l'extravagance est inévitable.

Que dirait-on d'une Compagnie par actions, où la direction appartiendrait aux clients et aux employés, sous prétexte qu'ils sont les principaux intéressés, et où les actionnaires n'auraient aucune part à la gestion d'une affaire dont ils fournissent les capitaux ? Cela serait assurément tout à fait absurde, et point n'est besoin d'être prophète pour prévoir que, si le système actuel n'est pas modifié, nos impôts deviendront forcément de plus en plus lourds.

A Londres, sur 700.000 cotes d'imposition, 300.000 environ portent sur des maisons et des logements dont les locataires ne paient pas d'impôt. On peut dire, en somme, que près de la moitié des électeurs n'y paie pas d'impôt direct et qu'il en est à peu près de même dans nos autres grandes villes.

Le Secrétaire de la Municipalité de Birmingham, dans sa déposition devant le « Municipal Trading Committee » en 1900, disait : « que 70 à 75 % de la « population de Birmingham se composait des « com- « pound householders » (1). »

Sans doute, les taxes influent sur le prix des loyers et finalement leur augmentation retombe sur les loca- taires, mais on ne peut attendre de ces derniers, dans les conditions actuelles, qu'ils s'en préoccupent et sentent, par suite, la nécessité de faire des économies.

Sir Richard Farrant, président de la « Artisans' La- bourers' and General Dwellings Company Limited », nous dit au sujet de Noel Park :

« Dans nos maisons, les locataires ont payé jusqu'à « présent leurs loyers à notre collecteur particulier « et ils n'ont jamais vu un collecteur des taxes. Il en « est résulté qu'ils ne prennent plus aucun intérêt « aux affaires publiques. Peu leur importe qui les « représente, quelles sont les taxes, et comment agit « l'administration locale. »

L'indifférence des habitants de Londres, pour toutes les affaires municipales, est un fait bien connu, et la multiplication des logements et des habitations ou- vrières tend à aggraver encore le mal. A Holborn,

____

(1) On appelle ainsi les locataires des petits loyers : par un arran- gement (compounding) ils ne paient pas de taxes directes ; celles-ci retombent sur les propriétaires qui, d'ailleurs, les reportent sur le loyer. *(Note du traducteur.)*

56 % des personnes inscrites au registre des habitants
ne paient personnellement aucun impôt.

Les commissaires répartiteurs des taxes locales
déclarent, non sans raison, que le système du « compounding » a été souvent « blâmé, parce que les élec-
« teurs ou les membres des autorités locales investies
« du droit de lever et dépenser l'argent des taxes n'en
« paient eux-même personnellement aucune » (1).

En outre, il y a une tendance marquée à ce que les
taxes soient d'autant plus élevées que la proportion
des « compound householders » est plus forte. Ainsi
les taxes de West-Ham sont exceptionnellement lourdes,
elles montent cette année à 9 s. 8 d. à la £. Or — fait
significatif — sur 48.000 contribuables il y a plus de
34.000 « compounders ».

En Ecosse, au contraire, ce système n'existe pas et
les autorités locales perçoivent elles-mêmes leurs taxes.

Un des Conseils de quartier de Londres, celui de
Levisham, n'a pas de « compound householders » et,
dans son rapport annuel sur l'exercice terminé au
31 mars 1905, il fait la déclaration suivante :

ARRANGEMENTS PASSÉS AVEC LES PROPRIÉTAIRES POUR
LES TAXES SUR LES LOGEMENTS A LA SEMAINE OU
AU MOIS.

« Ce sujet ayant été mis à l'étude par la Commission
« des Habitations du Conseil de Comté de Londres,
« et l'arrondissement de Levisham étant le seul à
« Londres qui n'applique pas le système du « com-
« pounding », la Commission fut invitée à établir un

____

(1) Rapport, p. 51

« rapport indiquant le nombre et la valeur imposable
« des maisons taxées à £ 20 et au-dessous et la perte
« résultant du non-paiement des taxes pendant un tri-
« mestre. Un rapport détaillé fit ressortir que la perte
« actuelle par trimestre était de £ 1500.17 s. 5 d., soit
« environ £ 6.000 par an, tandis qu'en accordant la
« réduction que l'on accorde en moyenne dans les
« autres paroisses aux propriétaires abonnés, la perte
« se serait élevée à £ 14.400.

« L'économie résultant pour la paroisse du système
« en vigueur étant donc de £ 8.400 par an au moins,
« représentant 2 d. d'impôts par £, la Commission
« acquit la preuve évidente que le système du com-
« pounding n'était pas avantageux pour les bo-
« roughs » (1).

Ce serait un bien pour les contribuables si les Conseils des autres quartiers s'avisaient d'adopter la même
politique.

D'ailleurs, les propriétaires eux-mêmes peuvent faire
quelque chose pour donner à leurs locataires le sentiment de leur responsabilité. Quelques compagnies d'habitations ouvrières ont, je crois, rendu leurs locataires
responsables des taxes pour les logements qu'ils occupent. M. Albert Pell, qui fut longtemps membre du
Parlement pour le Leicestershire, et qui est lui-même
propriétaire à Londres, nous disait naguère qu'il noti-
fiait à ses locataires par les soins de son gérant que
leur loyer serait accru d'une somme égale à l'accroissement des taxes, et il recommandait aux autres propriétaires de faire de même.

____

(1) London Municipal. — Notes, *The London Argus*, sep. 1906.

Il reconnaissait que si le collecteur des taxes ne venait pas contraindre les locataires à penser au lendemain, ceux-ci devenaient tout à fait insouciants.

Miss Octavia Hill a fait les mêmes expériences ; elle estime que la politique la plus humaine en même temps que la plus juste serait d'abolir le « compounding » et de laisser ceux qui payent les taxes se faire une idée de ce qu'ils payent. Aujourd'hui, ils ne comprennent pas qu'une grande partie de leur loyer est, en réalité, un impôt. Si on le montrait clairement aux locataires, ils pourraient voir où les a menés l'approbation de dépenses qui ont nécesssité un accroissement des taxes. Cela développerait aussi, on peut l'espérer, le sentiment de leurs devoirs de citoyens et les inviterait à s'intéresser davantage aux affaires municipales.

Le mal, si grand qu'il soit, s'est accru encore par ce fait singulier que, tandis que ceux qui ne payent pas eux-mêmes d'impôt, ont le droit de vote, les contribuables qui payent le plus en sont privés. La loi, il est vrai, fut faite en un temps où personne ne prévoyait l'immense développement qu'ont pris les services municipaux, et si l'on avait pu prévoir ces résultats, nul doute qu'on eut pris des mesures très différentes. Le North-Western Railway est l'un des plus gros — sinon le plus gros contribuable du Royaume-Uni. D'après M. Lawrence (1), il ne paie pas moins de £ 600.000 par an, et pourtant il ne dispose pas d'un seul bulletin de vote.

---

(1) Discours prononcé à l'assemblée annuelle de l'Industrial Freedom League, 1905.

Souvent même il est arrivé de taxer un chemin de fer afin d'obtenir les fonds nécessaires au lancement d'un tramway destiné à lui faire concurrence.

Lord Stalbridge, président du « London and North Western Railway », dans son dernier discours à l'Assemblée des actionnaires, fit remarquer que l'accroissement des impôts et taxes payés par les compagnies de chemin de fer du Royaume-Uni, non compris l'Income Tax payée au Gouvernement, s'établissait ainsi :

Les taxes et impôts locaux étaient, en 1891, de £ 2.246.000, et en 1903, de £ 4.493.000, ce qui fait une augmentation de £ 2.247.000 ou 100 %. Ainsi, la somme totale a doublé en 12 années, augmentant à raison d'un quart de million £ en moyenne par an et pourtant les compagnies de chemin de fer n'ont absolument aucun contrôle sur les dépenses auxquelles elles contribuent si largement.

En 1898, la Gas Light and Coke Company payait £ 220.000 d'impôts et vendait le gaz 2,51 d. par 1.000 pieds cubes ; en 1903, elle payait £ 289.000 et vendait le gaz 3,29 d. Malgré cela, la Compagnie du gaz n'a absolument aucune voix au chapitre, quand il s'agit des dépenses auxquelles elle contribue si largement, et qui diminuent d'autant les sommes qui restent à distribuer comme dividendes. Ainsi, nous sommes atteints trois fois : 1° par l'augmentation de l'assiette de l'impôt ; 2° par l'augmentation du taux de cet impôt ; 3° par la diminution des bénéfices retirés de nos placements.

Le quartier de West Ham est célèbre par l'élévation de ses taxes, celle de ses dépenses, et par suite, celle du nombre des sans-travail ; pourtant le Great

Eastern Railway, qui est le plus fort contribuable, n'a rien à voir à l'emploi des fonds.

L'injustice de cette situation ressort clairement du tableau suivant, qui donne le montant et la proportion des taxes payées dans nos principaux boroughs par les compagnies qui n'ont pas le droit de vote.

LOCALITÉS	VALEUR IMPOSABLE totale	PART des COMPAGNIES	0/0
Liverpool	£ 4.568 014	£ 1.480.421	32.4
Manchester	4.119.315	1.317.360	32.0
Birmingham.	2.888.048	809 044	28.0
Leeds.	2.073 498	550.674	26.6
Sheffield	1.784 489	537.181	30.1
West Ham	1.292.744	449.297	34.7
Holborn.	1.030 852	315.737	30.6

La justice la plus élémentaire ne demande-t-elle pas que ceux qui paient une telle part des taxes aient quelques voix au chapitre, quand il s'agit des dépenses.

CHAPITRE XI

CONCLUSION

Si la charge des impôts est actuellement excessive, on ne peut que constater qu'elle augmente sans cesse, et qu'elle augmentera encore dans l'avenir, si l'on ne change radicalement de méthode.

Les fonctionnaires les plus actifs et les plus capables sont aussi les plus disposés, comme le dit le Major Darwin :

« à voir d'un œil favorable les projets d'extension
« des services publics. Ajoutons que les nouvelles en-
« treprises municipales sont accompagnées d'ordinaire
« du relèvement des traitements du personnel perma-
« nent ; quand on doit s'adresser au Parlement, il faut
« payer des honoraires considérables aux hommes de
« loi, dont beaucoup agissent comme Syndics des
« villes. Et l'on ne peut nier que beaucoup d'hommes,
« inconsciemment ou non, sont portés à favoriser des
« projets qui doivent accroître leurs émoluments (1). »

Pour les dépenses locales, dit Sir Robert Giffen :

« Nous avons affaire à une véritable maladie des
« administrations locales. Leurs dépenses sont en par-
« tie extravagantes et injustifiables, parce que les

_____

(1) Municipal Trade.

« corps municipaux sont très souvent de mauvais admi-
« nistrateurs, même lorsqu'ils ne sont pas corrompus.
« Ils dépensent de l'argent pour des choses dont on n'a
« nul besoin, ou bien ils dépensent plus qu'il ne faut
« pour les choses nécessaires ; ils se lancent dans des
« emprunts, et engagent l'avenir d'un cœur léger.
« Dépenser est un plaisir pour quiconque détient pour
« peu de temps une parcelle d'autorité, et l'accroisse-
« ment du nombre des autorités urbaines accroît le
« nombre de ceux qui jouissent de ce plaisir. L'aug-
« mentation des dépenses, dans certaines directions, est
« extrêmement inquiétante, et elle ajoute à l'anxiété
« naturelle qui s'empare de nous chaque fois qu'on
« entame ou essaye d'entamer le fonds commun des
« ressources imposables sur lequel reposent les dépen-
« ses impériales et les dépenses locales. »
Comme le dit M. Sims :
« Les progrès du mal ont été lents, mais mortels.
« Une année c'était une augmentation de 1 penny
« ou de 3 demi-pennys par £ pour la taxe des Ecoles
« (School Board). L'année suivante, c'était l'embel-
« lissement des rues et quelque nouvelle taxe du
« London County Council, qui réclamait un penny
« ou deux à la £. Puis c'était la taxe du Comté qui
« augmentait légèrement la troisième année, et la
« quatrième c'étaient, par exemple, de nouveaux asiles
« d'aliénés. A tous ces appels extraordinaires à la
« bourse du malheureux contribuable, venait s'ajou-
« ter la répartition quinquennale des taxes qui aug-
« mentait le tout pour les cinq années suivantes.
« Aussitôt que ce nouveau choc était oublié, le procédé
« de l'augmentation graduelle recommençait : une

« année la taxe scolaire était plus lourde, une autre
« c'était la taxe pour les travaux entrepris par le London
« County Council, pour l'amélioration de la voirie ou
« l'achat de tramways, et ainsi de suite jusqu'à ce que
« revint la répartition quinquennale, où une opération
« habilement préparée haussait automatiquement tou-
« tes les taxes pour une nouvelle période de cinq
« années. Bref, on s'était ruiné pour que les entreprises
« municipales pussent être exploitées avec une folle
« prodigalité et de lourdes pertes, et pour que les
« Administrateurs socialistes pussent se vanter de
« donner à leurs pauvres ce qu'il y avait de meilleur,
« sans regarder à la dépense (1). »

Les surprenantes révélations que l'on connaît au
sujet de Poplar et de West Ham se rapportent plutôt à
l'extravagance, à la mauvaise administration et à la
corruption des Conseillers qu'aux entreprises municipales en elles-mêmes, mais elles fournissent un bel
argument à ceux qui soutiennent qu'en de telles mains
le commerce et l'industrie ne peuvent permettre ni
prospérité ni succès.

Le ministère précédent sentait si bien les dangers
où nous sommes entraînés, qu'en 1900 il nomma une
Commission mixte des deux Chambres pour étudier la
question. La Commission recueillit beaucoup d'importantes dépositions, mais elle n'eut pas le temps de faire
son rapport, et demanda qu'on renouvelât ses pouvoirs.
On s'y opposa, et sa proposition ne fut adoptée
qu'en 1903 ; mais à cette date encore, la Commission,
faute de temps, se borna à examiner seulement une

____

(1) *The Bitter Cry of the Middle Classes*, par Georges R. Sims.
The Tribune, 19 juillet 1906.

des faces de la question : l'inspection des comptes.

Voici, du reste, ses conclusions :

« La Commission est d'avis qu'il faut établir une
« législation ou une réglementation précises pour que
« les obligations de ceux à qui est confiée la charge
« de vérifier les comptes des communes ne se bornent
« pas à une pure et simple vérification des chiffres.
« Elle demande ;

« a) Que l'inspecteur ait le droit de prendre connais-
« sance de tous papiers, livres, comptes, quittances,
« autorisations d'emprunts, etc., qui sont nécessaires
« pour son examen et sa vérification des comptes.

« b) Il aura droit de demander aux agents des auto-
« rités locales toutes informations et explications
« nécessaires pour l'accomplissement de sa fonction.

« c) Il certifiera :

« 1° Qu'il a trouvé les comptes en ordre, ou non,
« selon le cas ;

« 2° Que les comptes séparés de toutes les entreprises
« industrielles ont été bien établis, et que toutes les
« charges propres à chaque entreprise ont été dûment
« inscrites à son compte ;

« 3° Que, à son avis, les comptes présentés donnent
« une idée exacte et sincère des transactions et des
« résultats de ces entreprises (s'il y en a) pendant la
« période considérée ;

« 4° Qu'on a prélevé, sur le revenu, la somme néces-
« saire pour le remboursement des emprunts, que tous
« les chapitres des recettes et des dépenses et tous les
« engagements connus ont été portés en compte, et
« que la valeur de tous les fonds a été estimée conve-
« nablement. »

La Commission propose en outre ce qui suit :

« *a)* Les systèmes actuels de vérification appliqués
« aux corporations, Conseils de Comté et Conseils de
« districts urbains, en Angleterre et dans le pays de
« Galles, seront abolis.

« *b)* Les inspecteurs pris parmi les membres de
« l'Institute of Chartered Accountants (Institut des
« Comptables brevetés) ou de l'Incorporated Society of
« Accountants and Auditors seront nommés par les
« trois classes d'autorités locales ci-dessus mention-
« nées.

« *c)* Dans tous les cas, la nomination sera soumise
« à l'approbation du Local Government Board, après
« audition des objections qui pourraient être faites par
« les contribuables ; l'inspecteur qui aura rempli sa
« charge pendant une durée ne dépassant pas trois
« années pourra être réélu, et il ne sera pas renvoyé
« par l'autorité locale sans l'approbation du Board.

« *d)* En cas de désaccord entre l'autorité locale et
« l'inspecteur sur la rémunération de celui-ci, le Local
« Government Board fixera la somme.

« *e)* La tradition écossaise de nommer des inspec-
« teurs étrangers à la commune, pour vérifier les
« comptes des petites municipalités, sera adoptée,
« dans les mêmes cas, en Angleterre ».

L'Association des Municipalités (Municipal Corporations Association) s'est opposée à ces mesures, et elle
a réussi à empêcher toute enquête subséquente. Pourtant les *desiderata* de la Commission sont assurément
très raisonnables. On se rappelle que les adversaires
des entreprises municipales ont toujours prétendu que
les comptes étaient faussés. Or, si les représentants

des municipalités avaient été si persuadés de l'exacti-
tude de leurs propres comptes, ils auraient saisi avec
empressement l'occasion de se disculper.

La Commission déclarait aussi :

« Qu'il y avait lieu de poursuivre l'enquête dans les
« autres branches des industries municipales, pendant
« la prochaine session du Parlement. »

En vain les Chambres de Commerce demandèrent
avec insistance l'adoption de ces vœux. Tout ce qu'on
a pu obtenir du gouvernement de M. Balfour a été une
promesse de M. Long avant son départ du Local Government Board. A la suite de plusieurs questions à la
Chambre des Communes, il répondit qu'il nommerait
une Commission départementale pour examiner la
question ! Et même ceci n'a pas été fait ! Le 31 mai,
M. Gérald Balfour répondait à une interpellation de
M. B.-L. Cohen qu'il s'occupait de la question, et que
la nomination d'une Commission départementale se
ferait aussitôt que possible. Pressé par M. Cohen qui
désirait une réponse plus précise, il ajouta qu'il ferait
certainement tous ses efforts pour que la nomination
se fît, et que la Commission entrât immédiatement en
fonctions. Et pourtant, à ma connaissance, la Commission départementale n'a pas encore été nommée.

Je ne crois pas qu'il soit utile de s'étendre sur
l'intérêt d'un système uniforme de comptabilité municipale, étant donné, pour citer les termes mêmes du
rapport, « le nombre et l'amplitude toujours croissants
des entreprises municipales ». C'est par ce moyen seulement qu'on pourra faire des comparaisons précises,
et établir les résultats exacts de la gestion industrielle
des autorités locales.

Il a été également proposé que les Compagnies eussent dans les élections un nombre de voix en rapport avec les taxes qu'elles acquittent. Dans nos grandes villes elles paient entre le quart et le tiers du total des taxes, quelquefois même un peu plus. C'est une monstrueuse injustice qu'elles n'aient aucune voix au chapitre quand il s'agit de dépenses auxquelles elles contribuent pour une si large part.

Sir R. Giffen a suggéré l'idée suivante que beaucoup approuvent :

« Dans notre système actuel qui fait élire les auto-
« rités locales par les contribuables, tous étant tenus
« pour égaux, on infuserait un autre système de repré-
« sentation basé sur l'intérêt, où les principaux pro-
« priétaires fonciers de chaque district ou ville auraient
« une représentation spéciale. Le remède proposé
« heurte fortement les préjugés dominants, mais la
« gravité du mal obligera peut être à prendre en con-
« sidération des remèdes violents mais efficaces, qui,
« d'ailleurs, ne sont nullement incompatibles avec les
« principes et l'idéal démocratiques. »

Quant au « Compounding » de locataires, il est fâcheux au point de vue économique que ceux qui ne paient pas directement les taxes aient le droit de voter. Dans une certaine mesure, il serait désirable que les landlords, en établissant leurs quittances de loyer, voulussent spécifier combien il est dû pour le loyer, et combien pour les taxes. Pour cela il n'est pas besoin d'une loi, et le dérangement causé serait, à la longue, largement compensé. Du reste les locataires abonnés eux-mêmes n'ont pas toujours voix au chapitre pour les dépenses. Le grand projet de Marylebone pour l'éclairage électrique, par exemple, ne leur a jamais été soumis ; et s'il l'avait été, je doute fort qu'ils l'eussent approuvé. C'est pourquoi je proposerais qu'aucune autorité locale ne puisse s'embarquer dans un plan impliquant une dépense de capital (exception faite des travaux ayant pour objet la santé publique) sans que tous les détails du projet et l'estimation des dépenses aient été publiés et portés à la connaissance des contribuables du district (car ce sont les taxes qu'ils payent qui servent de garantie au capital emprunté pour ces projets) et sans que les contribuables (qui ne soient pas des employés du Conseil) dont les cotes montent au moins à la moitié du revenu du district, aient approuvé par écrit les projets proposés.

Tant que les municipalités se sont renfermées dans leurs attributions propres, leurs dettes ne pouvaient absorber une grande partie de leurs revenus. Leur crédit était inattaquable, et on comprenait très justement leurs titres parmi ceux où les « trustees » sont autorisés à placer les fonds qui leur sont confiés. Maintenant ce crédit est ébranlé et les titres des autorités locales sont d'une sécurité très variable. Le public en fait état, tout au moins dans une certaine mesure, par la différence des cours. A mon avis, quand la dette d'une municipalité dépasse une certaine proportion de son revenu, ses titres devraient être rayés de la liste des placements de « trustees ».

Mais s'il est indispensable d'introduire de telles modifications, ou d'autres du même ordre, dans notre politique afin d'éviter pour l'avenir de graves désordres financiers, il importe aussi de dire qu'il ne s'agit pas là de « lutte de classes » ou selon la malheureuse phrase si souvent citée de « lutte des classes contre les masses ». Je suis profondément convaincu, et je me suis efforcé de le démontrer, qu'en limitant les gouvernements et les municipalités à leurs attributions de direction générale et de contrôle, on agit plus encore dans l'intérêt des artisans et des ouvriers que dans celui de toute classe de la Société.

Il semble clairement prouvé que plus les gouvernements et les municipalités s'embarqueront dans les affaires, plus elles se grèveront, plus les entreprises privées péricliteront et plus nous verrons s'accroître les impôts.

Mais il est encore des considérations plus importantes, qui permettent d'affirmer que, si même elle était, au début, profitable à un point de vue pécuniaire, cette politique resterait néfaste.

Nous ne croyons pas inutile de reproduire à nouveau ces lignes de John Stuart Mill :

« Si toutes les affaires, qui dans la société demandent
« une organisation réglée ou des vues larges et com-
« préhensives, étaient aux mains du Gouvernement, et
« si les fonctions du Gouvernement étaient toutes
« remplies par les hommes les plus capables, toute la
« culture développée, et toute l'intelligence exercée de
« ce pays, excepté l'intelligence purement spéculative,
« se trouveraient concentrées dans une morne bureau-
« cratie. Vers elle seule se tourneraient, pour toutes
« choses, les experts de la communauté toute entière :
« la multitude pour y trouver une direction et l'indi-
« cation de ce qu'elle doit faire ; les hommes capables
« et ambitieux pour y chercher leur avancement per-
« sonnel. Être admis dans les rangs de cette bureau-

« cratie, et quand on y est admis s'y pousser, tel
« serait le seul objet de l'ambition. Sous ce règne non
« seulement le public profane serait mal qualifié, faute
« d'expérience pratique, pour discuter ou empêcher
« les manières de faire de la bureaucratie, mais même
« si les hasards du régime despotique, ou le jeu
« naturel des institutions populaires portait occasion-
« nellement au pouvoir un ou plusieurs gouvernants à
« tendances réformatrices, aucune réforme ne saurait
« être établie si elle est contraire aux intérêts de la
« bureaucratie. Telle est la mélancolique situation de
« l'empire Russe, si l'on en croit les rapports de ceux
« qui ont eu des occasions suffisantes de l'observer. Le
« Czar, lui-même, est impuissant contre la bureau-
« cratie. Il peut envoyer quelques bureaucrates en
« Sibérie, mais il ne peut gouverner sans eux ni contre
« leur volonté.

« Plus l'organisation est parfaite, plus elle réussit à
« attirer à elle et à éduquer pour elle-même les per-
« sonnes les mieux douées dans les rangs de la Société,
« plus est complète la servitude générale, y compris
« celle des membres de la bureaucratie. Car les gou-
« vernements sont tout autant les esclaves de leur
« organisation et de leur discipline, que les gouvernés
« sont ceux des gouvernants (1). »

Et encore :

« La valeur d'un État est en somme représentée par
« la valeur des hommes qui le composent, et un État
« qui préfère au développement et à l'élévation des
« esprits un peu de savoir-faire administratif, ou le

____

(1) J. Stuart Mill, *On liberty*, p. 168.

« faux-semblant qu'en donne la pratique du détail des
« affaires, un État qui rapetisse ses hommes afin d'en
« faire dans ses mains des instruments plus dociles,
« même en vue de faire des bénéfices, cet État s'aper-
« cevra qu'on ne peut faire de grandes choses avec de
« petits hommes, et que la perfection du machinisme
« auquel il a tout sacrifié, finira par ne plus lui servir
« de rien, faute de cette puissance vitale qu'il aura
« préféré bannir afin que la machine marche plus
« doucement (1).

« Ce n'est pas l'État, dit Herbert Spencer, qui nous
« a donné cette multitude d'inventions nouvelles depuis
« la bêche jusqu'au téléphone. Ce n'est pas l'État qui
« a rendu possible l'extension de la navigation grâce à
« une astronomie très développée ; ce n'est pas l'État
« qui a fait les découvertes physiques, chimiques et
« autres qui guident nos modernes industriels. Ce n'est
« pas l'État qui a fait les plans des machines destinées
« à produire des objets de toutes sortes, à transporter
« les hommes et les choses d'un endroit à l'autre, et à
« contribuer de mille manières à notre confort. Les
« transactions mondiales passées dans les bureaux des
« négociants, la ruée du trafic emplissant nos rues, le
« système de distribution des petits colis qui met toutes
« choses à notre portée, et délivre journellement à nos
« portes les choses nécessaires à la vie, tout cela n'a
« pas eu l'État pour origine (2). »

Peut-être me dira-t-on que ce sont là des idées de
gens de lettres, de purs philosophes ; qu'on me permette

---

(1) J. Stuart Mill, *On liberty*, p. 172.
(2) Spencer, *l'Individu contre l'État.*

alors de citer un homme pratique, un homme d'une expérience presque sans égale.

Lord Rothschild, dans un discours prononcé à Caxton Hall à Westminster le 3 février 1904, nous disait :

« Les dépenses considérables du County Council de
« Londres et des institutions analogues sont payées par
« les taxes, et les taxes elles-mêmes sont levées sur la
« valeur des maisons et des magasins. Je demande à
« ceux qui vantent le crédit de notre capitale et célèbrent
« le rendement des impôts à Londres et dans les autres
« grands centres d'industrie, ce que deviendra ce ren-
« dement des impôts quand on aura détruit l'initia-
« tive privée, quand tout sera fait par l'État ou, plus
« exactement, par le County Council ? »

Mr. Meyer termine son ouvrage par cette conclusion:

« Nous avons, nous autres Américains, expérimenté
« la politique du minimum d'intervention administra-
« tive, héritage inappréciable que nous ont légué nos
« aïeux, tandis que les Anglais ont fait l'expérience de
« la politique contraire. Si nous comparons ces deux
« expériences nous trouvons que nous n'avons, Dieu
« merci, aucun besoin de recourir au remède héroïque
« de la municipalisation qui oblige à différencier, à tous
« égards, les entreprises municipales des entreprises
« ordinaires de commerce ou d'industrie.

« Nous avons plus de tramways urbains, plus de
« lumière électrique, plus de téléphones que nos cou-
« sins Anglais, et malgré leur profusion plus grande,
« leur utilisation n'en reste pas moins plus élevée
« qu'en Angleterre. Ceci démontre clairement que les
« prix établis par nos compagnies, sous le stimulant de
« l'intérêt bien entendu, sont mieux adaptés à nos

« bourses que ceux imposés à nos cousins anglais par
« les Pères conscrits de leurs villes (1). »

Dans le précédent chapitre j'ai, je crois, montré que :

1° Les dépenses locales croissent plus rapidement
que la valeur imposable.

2° Les dettes locales croissent plus rapidement que
la valeur imposable ;

3° Les entreprises municipales ne peuvent manquer
de soulever les angoissants problèmes du travail ;

4° Les profits, quand il y en a, n'existent que si les
municipalités ont un monopole. Ils ne se manifestent
que dans des affaires telles que le gaz, qui sont établies
depuis longtemps et ont pu être soumises à des règles
fixes ; même dans ce cas encore, les comptes ont été
si bien faits qu'il est impossible de savoir quel a été le
résultat réel. Le profit, s'il y en a eu, a été faible, et
des résultats beaucoup plus satisfaisants et rémunérateurs auraient été obtenus si les travaux avaient été
laissés à des compagnies.

5° La Municipalisation a gravement entravé l'industrie privée et notre commerce à l'étranger ;

6° L'exploitation des chemins de fer par l'État donne
lieu aux mêmes objections : sur les chemins de fer de
l'État les tarifs sont plus élevés, les trains plus lents,
moins nombreux et moins confortables, et l'immixtion
des questions de chemins de fer aux questions politiques constitue un grave danger ;

7° Il n'est pas sage de donner le droit de vote à ceux
qui ne paient pas de taxes, et il est injuste d'en priver
ceux qui les paient ;

____

(1) Meyer, *Municipal Ownership in Great Britain*.

8° Enfin, diminuer la demande du travail tout en élevant le prix de la vie et en augmentant les taxes, c'est faire du tort non seulement aux contribuables en général, mais particulièrement aux classes ouvrières ; et, si l'on va au fond des choses, c'est tendre à la suppression de la liberté.

J'espère qu'on me permettra de dire une fois de plus que je n'écris pas dans un esprit d'hostilité à l'égard des Municipalités ni des chefs des services industriels du Gouvernement. Loin de là ma pensée. J'ai été président du County Council de Londres, et je reconnais pleinement et de bon cœur les grands services que ce corps a rendus et rend encore au pays ; je rends hommage à son activité, à son honnêteté, à son dévouement à ses fonctions. Mais l'admiration sincère n'exclut pas toute critique. Enfin, je me défends d'être un adversaire aveugle du socialisme. La création des bibliothèques libres fait partie du programme socialiste, et l'on se plaira à reconnaître que j'ai fait toujours ce que j'ai pu pour les soutenir. L'acquisition des espaces libres, les améliorations de la voirie, la construction d'établissements de bains, et bien d'autres entreprises, j'en conviens, ont donné lieu dans beaucoup de cas, à des dépenses sages et justifiées. Mais les charges de nos dirigeants sont déjà assez nombreuses, difficiles et importantes, pour qu'il soit indispensable de ne pas les augmenter encore, afin que nos mandataires consacrent leur énergie tout entière à leurs fonctions essentielles. — Voilà seulement ce que j'ai voulu dire et ce que j'ai cherché à démontrer.

FIN

TABLE DES MATIÈRES

Bar-le-Duc. — Imp. E. Jolibois, 55, Boulevard de la Banque.

www.ingramcontent.com/pod-product-compliance
Ingram Content Group UK Ltd.
Pitfield, Milton Keynes, MK11 3LW, UK
UKHW021925070726
13614UKWH00001B/255